ÉMILE BADEL

Rédacteur en chef de *L'Éclaireur*

Dictionnaire

historique

DES

Rues de Lunéville

1900-1901

LUNÉVILLE

IMPRIMERIE NOUVELLE

6, Rue de Lorraine

PRÉFACE

Un certain nombre de nos compatriotes, tant de la ville que de la campagne, nous ont demandé de faire, en quelques lignes, l'historique de chacune des voies publiques de Lunéville, places, avenues, rues, chemins, ruelles et sentiers.

Nous accédons bien volontiers à ce désir, en prenant pour modèle le *Petit Dictionnaire des rues de Metz,* par Chabert, et les notices que nous avons insérées jadis dans le *Grand Annuaire* de Crépin-Leblond. Nous n'avons pas l'intention de faire ici un important travail historique dans le genre des *Rues de Nancy,* de Courbe.

Notre ambition est plus modeste ; nous voudrions simplement expliquer autant que possible l'origine du vocable actuel de chacune de nos rues, heureux si nous pouvons être exact de tous points et intéresser nos lecteurs par ce petit travail hodographique.

E. B.

DICTIONNAIRE HISTORIQUE

DES

RUES DE LUNÉVILLE

Rue de l'Abattoir.

De la place du Château à la ruelle de la Vezouse. 23 maisons. A cause de l'abattoir communal donnant au n° 18, avec le bureau central de l'octroi, sur le petit bras de la Vezouse.

Appelée anciennement rue de la Grande-Boucherie. en opposition avec la rue de la Vieille-Boucherie, devenue rue Germain-Charier.

Ce vocable est absolument insignifiant et n'a aucune raison de subsister plus longtemps.

Il y a assez d'illustrations lunévilloises à honorer, dans tous les genres de célébrités, militaires, religieuses, littéraires, artistiques, philanthropiques ou scientifiques, pour espérer voir bientôt disparaître ce nom qui rappelle de vulgaires tueries de bestiaux. C'est en ce siècle que l'abattoir communal a été bâti et agrandi dans cette rue. Cette situation s'explique parfaitement, par suite du voisinage du bras de la Vezouse, propice à l'écoulement hors ville des matières sanguinolentes.

La corporation des bouchers de Lunéville remonte fort haut, puisque le 13 janvier 1417, le duc de Lorraine, Charles II, leur accordait une charte spéciale. Les règlements de cette corporation sont des plus curieux. Les anciens étaux des bouchers étaient groupés jadis dans une boucherie commune, rue Germain-Charier actuelle.

La rue de l'Abattoir porta, sous la Révolution, le nom de rue Scévola.

Place de l'Abbé-Grégoire.

(Voir place des Carmes).

Au milieu de cette belle place lunévilloise, se dresse la statue de bronze du célèbre orateur de la Révolution, Henri Grégoire, né à Vého le 4 décembre 1750, curé d'Emberménil, puis député à la Convention, évêque de Loir-et-Cher, etc., mort à Paris en 1831.

Le nom de *place de l'Abbé-Grégoire* conviendrait certainement mieux que celui de place des Carmes, qui rappelle simplement un couvent disparu et qui fait double emploi avec la *rue des Carmes*.

Le 7 février 1881, le conseil municipal de Lunéville avait été saisi d'une demande pour que le nom de l'abbé Grégoire soit donné à une nouvelle rue. Cette motion ne fut pas adoptée.

La statue de l'abbé Grégoire, érigée le 12 juillet 1885, sur un beau piédestal en granit, est une œuvre de mérite du sculpteur lorrain Eugène Bailly, de Remenoville.

On lit sur le piédestal : « *Au conventionnel Grégoire, 1750-1831. J'ai vécu sans lâcheté, je veux mourir sans remords.* »

Sur l'abbé Grégoire, on peut consulter plusieurs notices et biographies, notamment celles de MM. Maggiolo, Debidour, Viox. Paris et Nancy possèdent chacune une rue de l'Abbé-Grégoire.

Rue de l'Abbé-Jérôme.

De la ruelle de la Vezouse à la rue des Jardiniers, au faubourg de Viller. 4 maisons.

Ancienne petite rue des Jardiniers, ainsi dénommée le 3 novembre 1873, par arrêté municipal, en l'honneur d'un bienfaiteur de la ville, Dom François Gérôme ou Jérôme, ancien bénédictin et principal du collège, mort en 1821. Ce Dom Jérôme a laissé à Lunéville la réputation d'un véritable homme de bien ; sa mémoire est pieusement conservée au collège et ses fondations généreuses servent encore à donner une excellente éducation à plusieurs enfants de la cité.

Comme religieux, Dom Jérôme fut un modèle

accompli de toutes les vertus ; comme citoyen, il fut un homme libéral et dévoué ; comme professeur de rhétorique et principal du collège de 1803 à 1818, il rendit d'éminents services et ne contribua pas peu à donner du renom à notre grand établissement communal, d'où sont sortis tant d'hommes de valeur.

La biographie complète de l'abbé Jérôme est encore à faire ; elle devrait tenter un de nos érudits professeurs du collège, comme celle de l'abbé Janny, ami de Grégoire et principal du collège de Remiremont, a tenté la plume élégante et diserte de M. Puton en l'année 1888.

Rue de l'Abbé-Renard.

De la rue de Viller à la rue des Orphelins.

Ainsi nommée en l'honneur d'un bienfaiteur de Lunéville et de l'hospice du Coton, l'abbé J.-B. Renard, né à Damblain (Vosges) en 1771, curé de Lunéville après le Concordat (1803-1856).

L'abbé Renard a été, pendant un demi-siècle, le véritable homme d'œuvres de Lunéville ; ses actes de générosité sont infinis et on lui doit d'importantes fondations. On voit son tombeau en granit et son buste en bronze dans la chapelle de l'hospice du Coton. On y lit : « *Au père des pauvres. Ici repose l'abbé Jn-Bte Renard, curé de Lunéville, fondateur de l'asile des vieillards, décédé le 19 septembre 1856, âgé de 85 ans. Priez Dieu pour lui.* »

Sa *Vie* a été publiée par l'abbé Guillaume.

Rue de l'Abbé-Trouillet.

(*Voir rue Trouillet, au faubourg de Viller*).

Chemin de l'Abbé-Moreau.

(*Voir rue Louis-Ferry, à Charles-Vue*).

Ce chemin hors ville, souvent désigné par corruption *Abbeye Moreau*, conduisait à la propriété de Charles-Vue (voir ce nom), bâtie par un certain abbé Moreau, aumônier et lecteur du roi de Pologne. On appelait cette propriété la Folie-Moreau ou Charlevue.

Rue d'Alsace.

De la rue Girardet à l'avenue des Vosges et à l'avenue Voltaire. 123 numéros.

Anciennement faubourg d'Alsace, rue de l'Hôpital, de la rue Girardet à la rue des Bosquets, puis rue de la Fonderie et de Craon, parce qu'elle menait à Croismare, appelé d'abord Haudonviller, puis Craon.

En 1793, la rue d'Alsace fut appelée rue Brutus, puis sous l'Empire, rue d'Austerlitz.

Croismare ou Haudonviller fut érigé en marquisat le 21 août 1712 en faveur du fameux prince de Craon, Marc de Beauvau, dont la famille est originaire de Craon, en Anjou. Haroué, fief des Beauvau, s'appelait jadis aussi Craon.

L'ancien château de Haudonviller, démoli en 1712, fut reconstruit par l'architecte Boffrand pour le prince Marc, de même que celui de Haroué. Ce château fut démoli au XIXe siècle.

La terre de Craon prit le nom de Croismare en 1767, lorsqu'elle fut érigée en marquisat en faveur de Louis-Eugène de Croismare, maréchal de camp.

Le nom d'Alsace a été donné à cette rue parce que c'était la grande route de Paris à Strasbourg, capitale de l'ancienne province française d'Alsace.

Il est bon de rappeler que le premier duc héréditaire de Lorraine s'appelait Gérard d'Alsace.

Au n° 2 se trouve la gendarmerie et au n° 14 les postes et télégraphes.

Rue Banaudon.

De la Grande Rue à la rue des Bosquets. 50 numéros.

Autrefois souvent citée : rue de Ballodon ; en 1793, rue Dampierre.

L'extrémité de la rue Banaudon, vers la caserne de l'Orangerie, formait l'ancienne place des Halles (ancienne fourrière de Stanislas), qui fut nommée place de la Fraternité à la Révolution. On a construit depuis une partie du collège sur cet emplacement.

Ce nom lui vient de Léonard Banaudon, simple entrepreneur de travaux publics à Lunéville, maître-plâtreur breveté de la cour, qui en 1713, obtint, par lettres-patentes, de nombreux terrains du duc Léopold, aux abords de la place Neuve, entre la porte Joly et les Capucins, et construisit la première maison de cette rue (n° 34 actuel, maison Bontems).

Léonard Banaudon — qu'on prend souvent pour une illustration de Lunéville — est mentionné en divers actes de l'état-civil dans les premières années du XVIII° siècle.

On voit encore, à l'angle de la rue Banaudon et de la Grande Rue, au n° 1, un édicule fort élégant, mutilé à sa base lors de l'établissement des trottoirs. Dans une niche, surmontée de pots à feux, on remarque une Madone en pierre. Sur le socle, on lit : *N. Damme de grâces. 1754.*

Au n° 14, une belle porte sculptée, avec un lion tenant une tête d'homme. Au n° 42, porte sculptée avec tête de femme. La façade du collège, plus loin que le gymnase communal, date de 1882. En face, se trouve l'école maternelle Bony, du nom d'un ancien maire de la ville, mort en 1884.

Rue de la Barre.

De la rue de Viller, n° 126, à la rue Sainte-Anne prolongée. 8 numéros.

Ce petit chemin du faubourg de Viller, n'a pas grande histoire. Voie de jardinage autrefois, elle reçut le 3 novembre 1873, le nom de rue de la Barre. Ce n'était ni compromettant, ni prétentieux.

L'arrêté municipal porte que : « le nom de rue de la Barre sera attribué au chemin allant de la rue de Viller à la rue Sainte-Anne, depuis son débouché auprès de la maison Bienfait.

Sentier de la Barre.

De la rue de Viller, n° 110, à la petite rue des Maisonnettes.

Rue des Bénédictins.

De la rue de Ménil (à la sortie du pont du chemin de fer) à la rue du Vieux-Chemin de Moncel (face à la maison Bichat), y compris l'ancien chemin des Bénédictins. 20 numéros.

Ce vocable historique donné au quai en formation de l'autre côté du chemin de fer, rappelle l'ancien prieuré des Bénédictins de Ménil, établi à Léomont en 1734, par Dom Calmet, puis installé à Ménil en 1737 et dépendant de l'abbaye de Senones.

Le fief de Ménil appartenait alors au célèbre maréchal de Beauvau, né à Lunéville en 1720. Lire sa *Vie* par E. Badel et ses *Mémoires* publiés par M. Henry Standish.

Il y avait eu dès le XIe siècle, un premier prieuré bénédictin à Léomont, près de l'ancien temple de Diane, prieuré fondé par Hugues de Moyenmoutier.

Le couvent des Bénédictins de Ménil, aujourd'hui pensionnat de Ménil, a été bâti en partie en 1766 avec les débris du château de Stanislas, à Chanteheux.

L'histoire de cette fondation bénédictine est encore à faire.

La *Vie* de Dom Calmet, le grand historien lorrain, qui reçut Voltaire à Senones, a été publiée par Dom Fangé (1762) et par Aug. Digot (1830). Lire aussi d'Arbois de Jubainville : Les Bénédictins en Lorraine (1887).

Dans le couvent actuel, n° 6, élégante chapelle, jardins magnifiques datant des Bénédictins.

Le chemin des Bénédictins a disparu à la suite des agrandissements de la gare et s'est fondu dans la nouvelle rue des Bénédictins.

Rue Boffrand.

De la rue des Bénédictins à Ménil. 2 maisons. Les plaques indicatrices de cette rue ne sont pas posées depuis 1873.

Ce vocable a été justement attribué, le 3 novembre 1873, au petit chemin conduisant à Ménil, en longeant le mur de clôture de l'ancien prieuré bénédictin, qui s'appelait aussi Sentier de la Grande Corvée de Ménil.

Il rappelle la glorieuse mémoire d'un fameux architecte du duc Léopold, Germain Boffrand, né à Nantes, le 7 mai 1667, mort à Paris, le 18 mars 1754, auteur d'œuvres admirables dans toute la Lorraine, notam-

ment du château de Lunéville, des châteaux de Croismare, Haroué, du Louvre de Nancy (détruit), etc., etc.

Il y a aussi à Nancy une place Boffrand.

Lire sa *Vie* par l'architecte Morey, en 1866, où
l'on verra le nombre incalculable de ses constructions
dans notre pays, toutes empreintes d'un goût très
pur et d'une incomparable majesté.

Le pendant de la rue Boffrand est, de l'autre côté du
couvent, le petit sentier de Ménil, flanqué à droite d'un
ruisselet pas toujours très limpide.

Promenade des Bosquets.

De la terrasse du Château au Champ de Mars.

Admirable promenade, citée par tous les auteurs et
les visiteurs comme une merveille, créée sous le duc
Léopold, de 1710 à 1715, par Yves des Hours, agrandie
et transformée notablement par Louis de Nesle dit
Gervais, né à Lunéville en 1702, mort à Vienne.
Gervais fut le véritable Le Nôtre de Lunéville.

C'est à lui que nous sommes redevables de ces
Bosquets justement célèbres, qui furent plus tard
embellis par le roi Stanislas et Héré et décorés de
statues et de groupes par le ciseau de Renard et
l'ingéniosité du mécanicien Richard. Stanislas y ajouta
des embellissements qui ont tous disparu : eaux jaillis-
santes, rochers, automates, trèfles, kiosques, salon
d'eau, chinoiseries, singeries, etc.

Les Bosquets appartiennent, comme le Château, à
l'Etat, qui en laisse la jouissance et l'entretien à la
ville, moyennant une faible redevance annuelle.

Il existe un règlement public de 1831 qui régit
encore la promenade des Bosquets.

De toutes les statues d'autrefois, il ne reste plus que
celles d'Hercule et de Minerve sur la terrasse, et les
statues d'Apollon et de Diane, de l'Aurore et de la
Nuit, dans les parterres. Au revers du socle de la
statue d'Apollon, on a placé une petite plaque de
marbre, sur laquelle on lit : « *Hommage de la
restauration de ces quatre statues aux habitants de
Lunéville, de la part d'un concitoyen, l'an 1849.* »

Il existe de nombreux plans des Bosquets, qu'il

importerait de consulter pour la restauration de cette promenade si vantée et si célèbre autrefois.

Lire : *Benoît*, Les statues du Château de Lunéville et *Joly*, Le Château de Lunéville, 1859.

Rue des Bosquets.

De la rue de Lorraine à la rue d'Alsace (prolongée directement par la rue de Moncel). 46 numéros.

Cette rue s'appelait autrefois rue de l'Orangerie, à cause de l'orangerie royale (devenue le quartier de cavalerie Clarenthal) ; en 1793, elle fut nommée *rue Beaurepaire*.

On lui a donné depuis le nom de rue des Bosquets, car elle conduit à l'entrée principale de cette promenade.

Dans cette rue, le fameux sculpteur Nicolas Guibal avait sa fonderie de bronze, aux n°s 9 et 11.

Au numéro 1 se trouve le quartier Clarenthal ; au numéro 14, la façade du Collège, datant de 1874.

Chemin des Bourbiers.

De la rue Sainte-Anne prolongée au chemin de Xerbéviller.

Vocable populaire d'un ancien lieudit au faubourg de Viller, qui indique assez la nature du sol de cette vieille ruelle entre les jardins.

Cependant le chemin a été empierré d'une façon satisfaisante en ces dernières années. On commence à y construire dans les jardins.

Rue de la Brèche.

De la rue Banaudon à la rue Gambetta. 19 numéros.

Anciennement : rue des Bons-Enfants, rue Neuve, rue des Morts. Elle fut nommée rue de la Brèche le 3 novembre 1873, en souvenir de la brèche faite dans les murailles de Lunéville, près de la porte d'Epinal (puis porte de la Brèche), par les Français, qui pénétrèrent ainsi dans la ville qu'ils bombardaient depuis quinze jours, le 17 novembre 1638.

A cette époque, outre cette porte d'Epinal, devenue porte de la Brèche, et située à peu près au milieu de la rue actuelle, il y avait les portes d'Allemagne ou Saint-Jacques, Joly, à l'entrée de la Grande-Rue, de Chanteheux et la porte Saint-Nicolas ou du Pont.

Les principales tours d'angle étaient : la tour Blanche (qui existe encore rue de l'Abattoir), la tour d'Epinal, la tour Blampain, la tour de Bourgogne et la tour Saint-Jacques.

Lire sur le Siège de Lunéville : Baumont, *Histoire de Lunéville* (1900).

Au numéro 15 on remarque une ancienne maison avec balcons en fer forgé ; au numéro 16, bureau de l'enregistrement.

Rue des Capucins.

De la place Léopold à la rue de Lorraine. 32 numéros. En 1793, rue de la Liberté ; en 1806, rue Impériale.

En souvenir du couvent des Capucins (branche de l'ordre mendiant des franciscains d'Assise), établi dans cette rue en 1633, aujourd'hui démoli, et remplacé par la maison Guérin, numéro 6.

Ces pères Capucins furent, avec les Minimes (ordre religieux mendiant, fondé par saint François de Paule en 1435), les Bénédictins (fondés par saint Benoît en 520) et les Carmes (fondés en 1209 par Albert de Jérusalem et Brocard du Mont-Carmel) les seuls moines ayant eu des monastères à Lunéville avant la Révolution, sans parler, bien entendu, des Chanoines Réguliers de la célèbre abbaye Saint-Remy, fondée en 999 par Folmar, comte de Lunéville et de Metz et réformée par saint Pierre Fourrier.

Les Capucins furent établis à Lunéville en 1633 par Nicolas Priquet, chantre de la collégiale Saint-Georges, de Nancy, et dame de Custine de Haraucourt. Cette fondation fut confirmée par le duc de Lorraine, Charles IV.

Le couvent fut supprimé à la Révolution et vendu le 12 avril 1792. L'ordre des Capucins n'existe plus en Lorraine, où il était très florissant autrefois. Cet ordre a été une réforme des frères mineurs, datant de 1528 ; il possède encore 700 couvents.

Lire : *Les Frères mineurs et leurs dénominations* (1898).

Au numéro 20, ancien grillage en fer forgé avec initiales entrelacées. Au numéro 29, niche d'angle avec statue ancienne de saint Nicolas.

Place des Carmes.

Entre la rue Chanzy et les rues du Cimetière et d'Einville. 16 maisons.

Statue de l'abbé Grégoire (*voir ce nom*).

Anciennement, place Saint-Léopold; en 1793, place de la Révolution, en 1805, place Napoléon.

En souvenir du couvent des Carmes, fondé sur cette place (n°s 8, 10, 12, 14), en 1707, sous le vocable de St-Léopold. L'église, très remarquable, seulement démolie au XIXe siècle, avait été consacrée le 12 octobre 1727, par Mgr Bégon, évêque de Toul, et dédiée à saint Léopold, marquis d'Autriche, patron du duc de Lorraine.

Le premier supérieur fut le Père de Saint-Joseph, provincial de France.

Les Carmes furent fondés en 1209, par Albert de Jérusalem et Brocard du Mont-Carmel. Ils n'existent plus en Lorraine, mais ils possèdent encore 130 couvents et 2,000 religieux. Cet ordre est divisé en plusieurs branches. Le fameux Hyacinthe Loyson était un carme.

Le couvent de Lunéville fut vendu le 12 juillet 1792. On voit encore quelques restes de la chapelle dans la cour de la maison Erard. Plusieurs généraux et grands personnages y furent inhumés. L'église ne fut vendue qu'en 1796 et faillit devenir pendant la Restauration, la 2e paroisse de Lunéville. On eut tort de la démolir, car elle avait grand air, si l'on en juge par un tableau curieux du Musée de Lunéville, représentant un coin de la place des Carmes.

Rue des Carmes.

De la rue du faubourg de Nancy à la rue du Manège. 15 numéros.

Anciennement, chemin de la Dubesset, rue de la Gendarmerie, chemin du Besset, rue du Quartier.

Ce nom lui vient du voisinage de la place des Carmes et fait ainsi double emploi.

C'est le 3 novembre 1873 que le conseil municipal décida que « la partie de la rue de la Dubesset, depuis le point de départ, dans le faubourg de Nancy, jusqu'à l'entrée du Manège, serait dénommée rue des Carmes. »

Sur la Gendarmerie de 1768 et les Gendarmes rouges, lire les curieuses brochures d'Arthur Benoît.

Rue Carnot.

De la place Léopold à la rue Rivolet, face à la gare. 23 numéros.

Anciennement, rue allant aux Bénédictins de Mesnil, rue du Midi, rue de la Gare, avenue de la Gare.

En souvenir du 4e président de la 3e République, Marie-François-Sadi Carnot, né à Limoges, le 11 août 1837, élu président de la République en remplacement de Jules Grévy, le 3 décembre 1887, par 616 voix, assassiné par l'anarchiste italien Caserio, à Lyon, le 24 juin 1894, inhumé au Panthéon à Paris, le 1er juillet.

Carnot était venu à Lunéville le 7 juin 1892, lors du concours de gymnastique de Nancy.

Le 11 août 1894, à l'unanimité des membres présents, le Conseil municipal décida que la rue de la Gare prendrait le nom de rue Carnot. Un décret de M. Casimir-Périer, du 6 septembre suivant, approuva cette délibération.

Lire : Goutière-Vernolle : *Les fêtes de Nancy en 1892.* et le bel ouvrage illustré : *Les trois Carnot,* par Maurice Dreyfouss 1888.

Rue Castara.

De la rue Banaudon à la rue de Viller (entre les rues Cyfflé et de l'Hôpital. 16 numéros.

Anciennement, rue du faubourg de Viller, rue de la Douane, rue des Sœurs Grises, à cause de leur couvent (bureaux de l'hôpital), établi en 1712.

En l'honneur d'une illustration chirurgicale lunévilloise, Sébastien Castara, né le 2 août 1752, à

Lunéville, fils de Sébastien Castara et de Marie-Anne Eisviller, élève à l'Université de Pont-à-Mousson, en 1768, maître en chirurgie en 1771, chirurgien en chef de l'hôpital Saint-Jacques en 1783, célèbre lithotomiste, émule de Rivard, en même temps que bon citoyen, humain et bienfaisant.

Son cabinet d'histoire naturelle était connu de tous les savants.

Castara est mort à Lunéville le 8 décembre 1813. Il a publié une *Topographie médicale de Lunéville,* pour laquelle il obtint une médaille d'or.

Son fils, Nicolas-Sébastien Castara, né le 1er avril 1775, a publié vers 1830, quelques recueils de poésie : *Les regrets.*

Le nom de Castara donné à l'ancienne rue de la Douane, rappelle aussi d'autres chirurgiens lunévillois qui furent à la tête de l'hôpital.

L'un d'eux est mort en chemin de fer, le 27 avril 1878 ; il a toujours exercé à Lunéville, et il habitait rue de la Douane, n° 2. Enfin, un dernier docteur Castara, médecin militaire, est mort le 4 avril 1890.

Dans cette rue, au n° 7, on remarque la façade extérieure de la *Synagogue,* façade toute moderne. Au fond de la cour, on voit la façade intérieure du joli petit temple en grès rouge, bâti sous Louis XVI et inauguré le 13 juin 1785. D'énormes guirlandes de raisins sont sculptées sur cette façade, où courent une frise mutilée, avec les doubles L entrelacées et diverses inscriptions hébraïques. L'intérieur est simple, confortable et de bon goût.

Au n° 9, a longtemps habité le charmant sculpteur Cyfflé.

Place du Centre.

(Voir Square de l'Hôtel de Ville).

Entre la rue Banaudon, les rues Thiers et du Temple, l'abside de Saint-Jacques et l'Hôtel de Ville.

Champ de Mars.

Entre les Bosquets, la rue de Villebois-Mareuil et l'ancien chemin de tir.

Anciennes garennes ducales, converties en champ de manœuvres pour la garnison de Lunéville.

Au milieu des garennes, il y avait une magnifique avenue d'une demi-lieue, bordée de vignes, d'arbres et de charmilles, et menant au célèbre Salon de Chanteheux, bâti par le roi Stanislas, sur les plans de Héré.

Cette avenue (haies, charmilles et tilleuls) fut détruite en 1776, depuis la grille des Bosquets jusqu'au Salon de Chanteheux.

Le Champ de Mars a plus de 200 hectares de superficie.

On sait que le château de Chanteheux a été démoli après la mort du roi de Pologne. Voir le *Recueil*, in-folio, de Héré, où l'on peut admirer les splendeurs de Chanteheux.

Le long du Champ de Mars, en suivant l'ancien chemin de tir, on remarque une colonne de granit, très fruste, érigée en 1874, à la mémoire d'un malheureux marchand ambulant, J.-J. Gigant, fusillé là par les Prussiens. On lit sur le granit : « *Ici le 21 août 1870, les Prussiens ont fusillé J.-J. Gigant; ils le savaient innocent.* »

En 1836, on avait établi dans ces parages du Champ de Mars une sucrerie de betteraves.

Rue du Champ de Mars.

(*Voir rue de Villebois-Mareuil*).

De la rue des Bosquets à la croisée de l'avenue Voltaire.

Anciennement chemin de Strasbourg et chemin des Fours, rue du Champ de Mars et avenue du Champ de Mars, jusqu'en 1900.

Rue Chanzy.

De la place du Château à la place des Carmes. 18 numéros.

Anciennement rue Saint-André, rue des Ponts, en 1793, rue Lepelletier Saint-Fargeau, rue entre les Ponts.

Le 31 janvier 1883, sur la proposition de M. Ribierre,

le Conseil municipal décida que la rue des Ponts porterait le nom du glorieux général Chanzy, mort subitement à Châlons-sur-Marne, le 4 janvier 1883, commandant le 6e corps d'armée.

Le général Chanzy (Antoine-Eugène-Alfred), est né le 18 mars 1823, à Nouart (Ardennes) ; il prit part successivement aux campagnes d'Algérie, d'Italie, de Syrie, de Rome ; pendant la guerre franco-allemande, il fut nommé général de division le 22 octobre 1870, chef du 16e corps d'armée, vainqueur à Coulmiers, à Patay, commandant en chef de la 2e armée de la Loire. En 1872, chef du 7e corps, gouverneur général de l'Algérie, puis en 1875, sénateur inamovible, ambassadeur en Russie, une des gloires militaires de la France au XIXe siècle. Rue à Nancy.

Le 12 juin 1882, le général Chanzy était venu pour la dernière fois à Lunéville, passer la revue de la garnison.

La rue est située tout entière dans l'île Saint-André, entre les deux ponts de la Vezouse ; le premier a sept arches et le second cinq. Au no 1, statue de la Vierge et niche de style bizarre ; au no 7, Caisse d'Epargne et Mont-de-Piété ; au no 12, génie militaire et sous-intendance.

En face se trouve l'ancienne caserne des Cadets, devenu le quartier Beauvau, en souvenir du maréchal de Beauvau.

Le *Souvenir français* doit faire placer prochainement cette inscription sur la façade de ce bâtiment : *A la mémoire de Charles-Juste de Beauvau, né à Lunéville, le 10 novembre 1720, héros de la Guerre de Sept Ans, maréchal de France, membre de l'Académie française, mort à Saint-Germain en Laye, le 21 mai 1793.*

Au no 14, au-dessus de la porte cochère, il y a une petite plaque de marbre noir, où on lit : *Hostel de Lunaty-Viscomty.*

Cet hôtel, qui n'a plus guère que son escalier et sa rampe en fer forgé, était loin de valoir le splendide hôtel Renaissance de cette famille, dans la Ville-Vieille de Nancy. La merveilleuse façade existe encore, transportée pierre par pierre à Jarville, au château de Renémont, à M. Gouy de Bellocq.

Lire sur le général Chanzy : *La deuxième Armée de la Loire ;* Chuquet, *le général Chanzy ;* de Freycinet, *La Guerre en Province.*

Rue de la Charité.

De la place Saint-Jacques à la rue des Capucins. 21 numéros.

Ouverte en 1727, entre la rue des Capucins et l'ancienne église paroissiale, et nommée ainsi à cause de l'hospice ou maison de Charité, fondée en 1724, par Léopold, sur l'emplacement d'une dépendance de la Commanderie du Temple.

Léopold avait donné 30,000 livres pour cette maison ; le duc François III, son fils, lui donna en 1736, des lettres patentes, et Stanislas y dépensa 38,139 livres, augmentant la maison et y mettant 6 sœurs de charité ou sœurs de St-Vincent de Paul.

Ces sœurs, outre l'enseignement, donnaient des soins et des remèdes aux indigents.

En 1750, Stanislas fonda dans cette rue l'école des Frères.

La maison de Charité forme aujourd'hui les écoles communales du Centre (garçons et filles).

Sur la porte du n° 2, on lit : *Si le nom de Marie en vos cœurs est écrit, en passant dites-lui un Ave Maria.*

Sur l'autre porte, richement décorée d'ornements Louis XV, on lit : *Faites bien, laissés dire.* Cette inscription est accompagnée de têtes d'anges.

On voit encore tout au fond de l'impasse quelques vestiges de la fameuse tour Blampain.

Une rue de ce nom existe à Nancy, même origine.

Lire : Deblaye : *La Charité de saint Vincent de Paul en Lorraine.*

Rue Charles-Vue.

De la rue Rivolet, près du Temple protestant, à l'avenue des Vosges. 26 numéros.

Ancien écart de Lunéville, appelé jadis chemin des Happa, d'un lieu dit nommé Meix Happa.

Ce vocable lui vient d'une ancienne propriété, dite *Charles-Vue*, jolie cense ou maison de campagne, bâtie par l'abbé Moreau, lecteur du roi de Pologne, et située en face du petit château du prince Charles.

Cette maison servit longtemps de loge maçonnique.

C'est dans cette rue, côté impair, que sera prochainement construite l'église Saint-Sigisbert.

Le prince Charles-Alexandre de Lorraine, fils cadet de Léopold, né à Lunéville le 12 décembre 1712, commanda les armées de sa belle sœur Marie-Thérèse et fut gouverneur des Pays-Bas ; grand-maître de l'Ordre teutonique en 1761, il mourut le 4 juillet 1780, au château de Tervueren. C'est lui qui construisit, aidé de Boffrand, le célèbre petit château qui porte encore le nom de château du prince Charles, entre le Champ de Mars et l'avenue Voltaire.

Sur le prince Charles, lire : Ch. Denis : *Etat-Civil* et Catalogue des livres et effets du prince de Lorraine à Bruxelles 1781, 2 vol.

Chemin de Charles-Vue à Ménil.

Chemin allant de l'avenue des Vosges au chemin de Ménil à Blâmont.

Ce vieux chemin à travers les jardins de Ménil a bien changé de direction depuis l'établissement du chemin de fer.

Il unissait jadis, et directement, la propriété de Charles-Vue au village de Ménil, et c'était le prolongement du chemin actuel dit chemin de Ménil à Blâmont, aboutissant au Vieux Chemin de Moncel.

Un autre vocable s'imposera quelque jour pour ce chemin qui vient aboutir à la propriété de M. Bichat.

Le Château.

De la place du Château à la terrasse des Bosquets.

Œuvre admirable de l'architecte Boffrand, bâti sur les ordres du duc Léopold, de 1702 à 1706, et embelli par le roi de Pologne, Stanislas Leczinski. Ce château, gloire de Lunéville, remplaça un château Renaissance, construit en 1612 par Henri II et ruiné en partie en 1678, lequel avait déjà remplacé un château-fort du Moyen-Age.

On conserve aux Archives le plan du château de

Henri II, où se consomma le fameux mariage du cardinal Nicolas de Lorraine et de la princesse Claude, sa cousine, mariage d'où est sortie la famille impériale d'Autriche.

Le château actuel de Léopold fut incendié plusieurs fois, en 1719, 1744, 1755, 1813 et 1849.

Joly a publié en 1859 une petite histoire du château de Lunéville ; mais une *Monographie* artistique et documentée est encore à faire : construction, ensemble, mobilier, hôtes illustres, etc., etc.

Dans ce château sont nés tous les enfants de Léopold et d'Elisabeth d'Orléans, notamment, le 8 décembre 1708, François-Etienne, duc de Lorraine, sous le nom de François III, le 28 mars 1729, marié à Marie-Thérèse d'Autriche, le 12 février 1736, grand-duc de Toscane sous le nom de François II, le 9 juillet 1737, enfin empereur d'Allemagne, sous le nom de François Ier, le 13 septembre 1745, mort à Insprück, le 27 avril 1765, tige directe de la maison impériale de Lorraine-Habsbourg, qui règne aujourd'hui à Vienne avec François-Joseph.

Dans ce château aussi moururent la reine de Pologne, Catherine Opalinska, en 1747, la belle marquise du Châtelet, en 1749, et le roi Stanislas, le 23 février 1766.

Le 29 octobre 1893, on a malencontreusement érigé dans la cour d'honneur du château, la statue équestre du plus fameux cavalier de Napoléon Ier, le célèbre général de division Charles-Louis de Lasalle, né à Metz en 1775, tué à Wagram le 6 juillet 1809.

Cette statue, œuvre du sculpteur Cordier, est bonne ; mais l'emplacement est déplorable à tous égards (historiquement et artistiquement parlant) et le piédestal est ridicule.

Dans une des salles du château, on a inscrit les noms de tous les généraux qui ont commandé à Lunéville.

Le château sert de résidence aux généraux de division et de brigade (appartements royaux), au cercle militaire et à la bibliothèque, aux bureaux de la place et de l'état-major, et, sous le nom de quartier Stanislas, de casernement à des dragons et des chasseurs à pied.

L'intérieur est d'une affreuse désolation... à faire mourir de douleur le roi Stanislas s'il revenait le visiter.

Du donjon, où l'on garde deux cloches du temps de Léopold, la vue est merveilleuse sur Lunéville et ses environs. A remarquer le très curieux cadran ovale.

Place du Château.

Entre la Grande-Rue, la rue Stanislas et le petit bras de la Vezouse, près du pont de la rue Chanzy. 19 numéros.

Anciennement place de la Cour ; en 1793, place Voltaire.

A cause du voisinage immédiat du château de Léopold, dont elle est séparée par une haute grille. La cour reste un passage public pour se rendre aux Bosquets.

A l'une des extrémités, on remarque une fontaine avec une haute colonne, surmontée d'une inutile ferronnerie.

Le buste de Léopold, copie fidèle de celui qui existe au Musée, serait très bien placé sur cette colonne, soit au sommet, soit plutôt au centre, sur une console Louis XV.

Au n° 1, belle porte cochère, avec têtes de lion et cheval yssant ; c'est l'ancienne hôtellerie de la poste et des messageries, au temps du roulage. Au n° 9, maison Castara, joli balcon en fer forgé, provenant du château ducal.

Rue du Château.

De la rue de Lorraine à la rue Stanislas. 28 numéros.

En 1793, elle fut appelée rue de l'Union. Cette rue a toujours ainsi été dénommée, parce qu'elle conduisait directement au château, en passant devant l'ancien hôtel de ville, datant de 1706 et devenu plus tard le tribunal de première instance.

Sur la façade de cet édifice, n° 7, on voit encore un superbe bas-relief : la Justice, tenant l'épée et la balance, avec un écusson fruste, jadis orné des armes de Lunéville aux trois croissants d'argent sur bande de gueules et champ d'or. Il est à remarquer que c'est le même écu que le blason primitif des ducs de Lorraine : d'or à la bande de gueules, chargée de trois alérions d'argent. Les croissants ont simplement remplacé les alérions.

Sur l'Ordre du Croissant, lire les biographies de la famille d'Anjou, René Ier et René II.

Rue du Chaufour.

De la rue de Moncel au nouveau pont du chemin de fer, derrière le Temple protestant, et au quai de Strasbourg. 11 maisons.

Autrefois rue allant à Moncel.

Ce nom populaire rappelle simplement l'existence d'un ancien four à chaux dans ces parages.

Ce nom de *chaufour* existe presque partout dans les villes et les bourgades de Lorraine.

A l'intersection de cette rue et des rues Rivolet et Charles-Vue, on voit le Temple protestant, œuvre élégante et ferme de l'architecte Melin, de Nancy, construite de 1868 à 1870, inaugurée le 5 juin 1870.

Rue des Chenus.

De la rue de Ménil, en longeant le chemin de fer, au chemin de Viller à Ménil et à l'avenue des Grands-Moulins. 15 numéros.

Ce nom de Chenus vient d'un ancien canton de terres à Ménil, vastes jardins potagers donnés par Stanislas à la maison de Charité de Lunéville.

Ce canton de terres s'appelait jadis Es-Champs Frère Champ ou Jean.

En 1745, en effet, un certain Jean de Laval vendit au roi de Pologne un jardin potager au ban de Lunéville, voisin de celui de la Charité, au canton des Chenus, autrement dit « ès champs Frère Champ », et contenant 5 hommées 20 verges, moyennant 700 livres de Lorraine.

Dans sa délibération du 3 novembre 1873, le conseil municipal décida que le chemin longeant le chemin de fer, du côté de Ménil, s'appellerait dorénavant *rue des Chenus*. Enfin le 4 juillet 1899, le

Conseil décida que les chemins de Fine-Farine et du Frère Jean constitueraient le quartier des Chenus.

Sentier des Chenus.

Chemin disparu et devenu une partie de la rue Nicolas-Saucerotte, au quartier de Fine-Farine.

Rue Chéron.

(Ancien chemin de Fine-Farine, 1re partie).

De la rue de Ménil à la rue Nicolas-Saucerotte et au chemin du Frère-Jean. 5 numéros.

C'est le 4 juillet 1899 que le conseil municipal décida que la partie du chemin de Fine-Farine, allant de la rue de Ménil au chemin du Frère-Jean, prendrait le nom de rue Chéron.

En l'honneur d'une famille célèbre de peintres et graveurs lunévillois : *Charles-François Chéron,* né à Lunéville, le 29 mai 1635, graveur fameux en médailles, fils d'un orfèvre-joaillier de Charles IV, duc de Lorraine, graveur des papes et de Louis XIV, mort en 1698, et *Charles-Louis Chéron,* neveu du précédent, fils de Charles Chéron, greffier au bailliage de Vic.

Louis Chéron naquit à Vic le 27 janvier 1676 ; il était cousin d'un illustre peintre, Antoine Coypel ; il peignit avec Van Schuppen les portraits des ducs de Lorraine pour le château de Léopold à Lunéville. Il a laissé des œuvres considérables et fort appréciées des amateurs.

Louis Chéron mourut à Lunéville, le 29 janvier 1745, et fut enterré dans l'église des Carmes.

Les Chéron ont encore des descendants à Lunéville dans la famille Le Brun.

Lire : C. Denis, *Etat-civil,* p. 174 ; A. Jacquot, *Louis Chéron et sa famille.* 1887 ; Mellier, *Etude sur François Chéron,* 1893.

Rue du Cimetière.

De la place des Carmes à l'entrée du cimetière communal, et au-delà, par un chemin agricole, longeant les murs de l'enclos funèbre et se perdant dans les propriétés rurales. 5 maisons.

À cause du cimetière communal, inauguré en 1813, et successivement agrandi en 1836, 1856 et vers 1890.

Ce cimetière — dont l'histoire, la description, les biographies des différents défunts, comporteraient une *Monographie* spéciale — a remplacé les anciens cimetières lunévillois de la place Saint-Jacques et du chemin allant à Ménil (rue Girardet, jardins de l'hôpital actuel).

Au milieu de la grande allée centrale, bordée de sapins, on aperçoit tout d'abord le monument des Ancêtres, en grès rose, surmonté d'une croix en fer, et recouvrant un immense caveau funéraire.

Sur une urne de pierre blanche, entre deux génies, on lit : « *Et expecto resurrectionem mortuorum!* »

Sur la face principale, on a gravé cette inscription en lettres d'or sur marbre noir : « *D. O. M. Monument de religion et de piété filiale érigé l'an MDCCCXX (1820) par les fidèles de la paroisse, à l'honneur et à la mémoire de leurs ayeux, inhumés dans l'ancien cimetière d'où leurs dépouilles mortelles ont été religieusement transportées dans celui-ci, où elles reposent sous la croix du divin Rédempteur, en attendant la résurrection glorieuse. R. I. P.* »

Au-dessous, sur une feuille de pierre blanche qui s'effrite :

« *La dépouille de nos ayeux fut recueillie par les soins de M. Nicolas Blanpain, curé de cette paroisse, et déposée sous ce monument le 9 novembre l'an 1819 ; le monument fut inauguré, M. Benoist, maire de Lunéville, le 7 avril 1820* »

Sur la face postérieure, on a gravé dans les cubes de grès :

« *On a commencé d'inhumer dans ce cimetière le 1ᵉʳ décembre 1813. — Ce monument a été restauré en septembre 1890, sous l'administration de M. Ribierre, maire de Lunéville.* »

Un peu plus haut se trouve l'immense chapelle-rotonde du prince de Hohenlohe, mort en 1829, avec les inscriptions commémoratives de la princesse morte en 1826 et du cœur du prince.

Enfin, on remarque au dernier rond-point la grotte originale en pierres de roche dans laquelle repose Germain-Charier, bienfaiteur de la ville.

A droite et à gauche de cette grotte, on aperçoit les belles pyramides de Comblanchien poli érigées à la mémoire des soldats français et allemands morts à Lunéville pendant la guerre de 1870-71.

Les noms des soldats sont gravés sur les faces du soubassement.

Nous ne pouvons ici, dans ce simple *Dictionnaire historique* de nos rues de Lunéville, faire la description des chapelles luxueuses ou des principaux mausolées du cimetière.

Signalons simplement les tombeaux des familles les plus connues ou les monuments les plus artistiques.

Allée de droite, contre le mur, de bas en haut.

Familles : Capitaine Huin, chapelle Poirine et Chalot, Putegnat-Antoine, chapelle Cantigny-Cortier, capitaine Parmentier, d'Aulbéry de Frawenberg, ancien maire (1780 1845), chapelle Michaut, Vanson, parents du général, comte de Fagan, capitaine aux chasseurs de Nemours, tué par accident en 1825 ; superbe mausolée en granit et buste en bronze de M. Jeanmaire (1838-1895), chapelle Jeannequin, Lhotte, Dalancour, ancien gendarme rouge, ancien maire, mort en 1824, Gaillardot, ancien chirurgien-major, mort le 20 mars 1818, âgé de 79 ans, chapelle des comtes de Pleurre et de Frenel, Roussel, ancien principal du collège, Didion, Antoine, le célèbre abbé Chatrian, député et historien, mort en 1814, Boyé, Le Bègue de Girmont, Sébastien Castara et toute sa famille, docteur Monginot, Nicolas Saucerotte, Félix Saucerotte, ancien maire, Meslier de Rocan, Rousselot, Genay et Molard, le chevalier de Larrocque, chapelle Maire, Baillet, Lançon, vicomte Klein, chef d'escadrons, Nicolas, Cobus-Drigny, Ambroise-Dehan, Bruneau, chapelle Kuntz et Caderlet, Crevaux, Noël le Pin-Brisac (chapelle), les parents du général Diettmann et sa veuve, familles Clovis, Farny, Tanette, docteur Tarillon, chapelle Adam et Ferry, Schuler.

Allée de gauche, contre le mur, de bas en haut :

Caveau municipal, 1895, avec les armes de Lunéville ; chapelle Méquillet-Philippin-Duval, capitaine Nicolas, ancien adjoint, 1900, Louis Ferry, ancien maire, 1835-1888, Hamelin, avocat, Guibal, Henry Jacquot, chanoine Jeandidier, chapelle Decker, chapelle Muet et Briquel, Du Chatelle, Delcominette, chapelle Castillon et Caze, docteur Putegnat, chapelle Grare et Barbier, Mangin, Parmentier, ancien maire, 1798-1870, Le Brun, avocat, Pignatel, Cosson, Vilmette, Renaudin, Perrin, Masson, entrepreneur, chapelle Michaut et Lalanne, chapelles doubles Guérin et Keller, Travailleur, Saunier-Thiéry, chapelle Henry, Krick-Trouillet, Caspar, Marc.

Dans les concessions nouvelles, au-dessus des carrés et de la rotonde, on remarque les tombeaux des familles suivantes :

Nicolas Jennat, l'ami de Grégoire, mort en 1844 à 88 ans, Du Prat, ancien principal du collège, Majorelle, le curé Nicolas Blanpain, curé de Lunéville, mort en 1824, âgé de 86 ans, l'archiprêtre Duplessy, 1857-1875, Benoist, inspecteur d'Académie, les deux Bagard, principaux des collèges de Mirecourt et de Phalsbourg, les abbés Husson (1820-1872) et Panigot (1836-1884), la famille Fraye, Traxelle, colonel Lulé-Déjardin, le professeur et poète lunévillois, C. Brave, chapelle Daubrive et d'Arance, Viox, ancien député (1803-1874), chapelles Maire et Gueury, chapelle Martin-Lauer, famille Virion, chapelle Renaud, Mme Désaunais, veuve du principal du collège, famille Schpeck, chapelle Burtin, de Conigliano, chapelle Massé et Ricatte, chapelle Fondrevaye, famille Ribierre, colonel Clausset, chapelle Vitrey-Vouaux, chapelle Harbauer et Piloy, général Berger (1812-1877) et son fils tué à Borny, chapelle Ladret, chapelle Bourel, chapelle Contal et Perrin, chapelle Marié et Laru, Ch. Bour, famille Bichat, Emile Erckmann, le curé Beaudoin, de Saint-Maur (1834-1884), chapelle Gentil-Batho, Boulanger, professeur d'histoire.
Voici encore les tombes de : Duchesne, négociant, tué à l'âge de 52 ans par les Prussiens, le 24 mars 1871, chapelle Hadot-Robert, le préfet Firbach (1831-1889), colonel de Conigliano, général de Brauër (1809-1890), l'inspecteur primaire Stoltz (1830-1897), enfin tout en haut, tel un temple romain, le somptueux mausolée en granit de la famille Cuinat.

Tout au bas du cimetière, adossés au mur près de la porte d'entrée, on remarque trois petits cénotaphes, l'un au sergent Bister, tué au Tonkin en 1892, l'autre à Paul Wald, mort au Sénégal en 1892, le troisième à sept enfants de Lunéville morts pour la patrie aux colonies, en 1895 et 1896, et érigé par les soins des conscrits de Lunéville en 1896.

*
* *

Voici le texte exact des deux inscriptions gravées en lettres d'or sur marbre noir et placées de chaque côté de l'autel, dans la chapelle des Hohenlohe.

A droite :

D. O. M. Ci-gît la dépouille mortelle de très haute et très puissante dame Marie-Crescence, comtesse ancienne du Saint-Empire romain, de Salm-Reifferscheid-Bedbourg-Krautheim, etc., née le 29 août 1768, décédée au château royal de Lunéville le 4 avril 1826, après avoir été munie des sacrements de l'Eglise par Mgr l'évêque de Nancy et de Toul.

De son vivant, épouse chérie de S. A. S. le prince régnant du Saint-Empire romain de Hohenlohe et Waldenbourg-Bartenstein, etc., lieutenant général des armées du roi et chevalier de ses ordres, etc.

A gauche :

Cy-gît le cœur de très haut et très puissant seigneur Louis-Aloys-Joseph-Joachim-François-Xavier-Antoine, prince souverain de Hohenlohe-Waldenbourg-Bartenstein, maréchal et pair de France, colonel-supérieur du régiment de Hohenlohe, chevalier des ordres du roi, grand-croix de Saint-Louis, officier de l'ordre royal de la Légion d'honneur, grand-maître du noble ordre du Phénix, grand-croix de Charles III d'Espagne, de Saint-Wladimir, de Sainte-Anne de Russie, de Saint-Hubert de Bavière, du lion de Hesse, etc., etc., décédé le 31 mai 1829 en son hôtel, rue de Bourbon, n° 45, à Paris, muni de tous les sacrements de l'Eglise.

Au-dessus des deux inscriptions on remarque l'écusson des Hohenlohe, avec la célèbre devise : *É flammis orior.*

Rue des Cloutiers.

De la rue Thiers à la place Saint-Jacques. 16 numéros.

En 1793, nommée rue de l'Egalité.

Ancienne et petite rue du vieux Lunéville, déjà citée en 1638 et ainsi nommée à cause des artisans qui l'habitaient jadis et qui formaient une corporation spéciale.

Sur toutes ces vieilles corporations de Lunéville, aux curieux statuts, on trouvera de longs détails dans les *Communes de la Meurthe*, de Lepage, et dans les *Archives* de notre cité.

Au numéro 14, on lit au-dessus de la porte : F. C. C. H. 1707.

Place de la Comédie.

Entre la rue de Lorraine, la petite entrée des Bosquets et le théâtre municipal. 3 maisons.

A cause du théâtre, construit en 1734 par le duc François de Lorraine, agrandi par Stanislas, restauré en 1831 et donné par l'État à la ville le 24 août 1766.

La petite place devant l'entrée principale du théâtre s'appelait jadis place des Marronniers. Sur la façade du théâtre, contre le mur réservé à l'affichage, on remarque un très curieux cadran solaire avec zodiaque, œuvre de Lasnière, exécuté par Gay et Adrien, mathématiciens, et peint par Cyfflé fils. Ce cadran astronomique a été restauré en 1836 par l'architecte Jeandel, mais la peinture bleue s'en va par endroits. Un avis placé au bas indique comment il faut s'y prendre pour trouver l'heure.

Rue de la Commanderie.

De la place Eugène-Ferry à la rue de Lorraine, n° 28. 15 numéros, avec une impasse très étroite, allant vers la Vieille-Muraille. Belle porte sculptée.

En souvenir de la célèbre commanderie Saint-Georges des Templiers, fondée en 1234. Cette commanderie existait déjà comme hôpital ou *Doumaison* (Maison-Dieu) depuis 1160 ; elle avait été fondée par Folmar, comte de Metz et de Lunéville, par sa cousine, Ode, abbesse de Saint-Remy, et par son cousin, Godefroy de Castres.

Les Templiers y vinrent en 1234 ; après leur suppression, la commanderie passa aux chevaliers de Saint-Jean de Jérusalem ou chevaliers de Malte, et elle fut unie en 1587 à la commanderie Saint-Jean de Nancy. Cette commanderie de Lunéville était une maison-forte, avec tous les privilèges et franchises du temps.

Au XVIIIe siècle, la commanderie avait disparu.

Les *Archives* de Meurthe-et-Moselle fourmillent de documents sur toutes les *Commanderies* de notre pays, presque toutes très florissantes et très riches.

Cour Sauvage.

Petite place entre le presbytère, le pensionnat des

Saints-Anges et l'église Saint-Jacques et qui est comprise actuellement dans la place de l'Eglise.

Ainsi nommée en souvenir de la Cour Sauvage, fief de Lunéville et des Comtes Sauvages du Rhin.

Ces Rhingraves ou Comtes Sauvages du Rhin possédaient ce fief à Lunéville, exempt de tous droits et prestations. Au XVIIe siècle, la Cour Sauvage qui s'élevait à l'emplacement du presbytère appartenait aux Malclerc, seigneurs de Crévic ; puis elle passa à l'abbaye de Saint-Remy.

Le 9 juillet 1802, le conseil municipal offrit pour le logement du curé de Lunéville l'ancien et très beau palais abbatial des Chanoines Réguliers de l'abbaye de Saint-Remy, qui avaient toujours desservi la cure de Lunéville, jusqu'à la Révolution. La ville eut en échange les bâtiments de l'abbaye (Hôtel de Ville actuel).

Voici les noms des principaux curés de Saint-Remy-Saint-Jacques depuis 1700 : Huguenin, Verlet, Mathis, Varneson, Fournier, Le Roi, Jadot, Voirin, Chapité, Halanzier. Depuis 1803 : MM. Blanpain, Renard, Gérard Duplessis, mort en 1875, Louis Noël, de Cirey, mort en 1887, Prosper Fruminet, de Villacourt.

Rue Cyfflé.

De la rue Banaudon vers les jardins de Viller et la ruelle de la Vezouse (inachevée). 16 maisons.

Rue ouverte en 1873 en prolongement de la rue Banaudon.

En l'honneur de Paul-Louis Cyfflé, né à Bruges en 1724, établi à Lunéville en 1746, mort à Bruxelles le 24 août 1806.

Ce célèbre sculpteur, dont les œuvres charmantes sont la joie des amateurs, résida à Lunéville de 1746 à 1778 ; il établit une manufacture de terre de pipe, dite terre de Lorraine, en 1768.

Sur ce grand artiste, lire : Joly, *Vie de Cyfflé*, 1864, et Morey, *Les statuettes de terre de Lorraine : Cyfflé, Lemire, Guibal et Clodion*, 1871. La ville de Nancy a récemment donné le nom de Cyfflé à une de ses rues.

Aux numéros 3 et 6, bâtiments du Syndicat agricole, bâtis en 1888, 1896 et 1900.

Dehainville (lieudit).

Ferme à deux kilomètres de Lunéville, du côté de Deuxville, et qui est considérée comme un écart de notre ville, ou de Deuxville. Cette ferme porte le n⁰ 27 de la rue du Manège.

On disait autrefois les Censes de Hainville, le ruisseau de Hainville, venant aboutir à la Vezouse, près de Saint-Léopold. Sous le nom de Dehainville, on a compris souvent aussi les trois fermes de Friscati, Saint-Evre et Lafleur, qu'on appelait Les Cens. Quant à Deuxville, son nom lui vient de la réunion de deux villages, l'un Deuxville-Notre-Dame-de-Laoustre, l'autre Deuxville-Saint-Evre.

Les principaux écarts de Lunéville étaient jadis : la Fourasse, les deux maisons Poirine à l'est de la ville, les maisons Didiot et Charpentier à droite de la route de Lunéville à Moncel, le château du prince Charles ou de Monseigneur, la Ménagerie du duc Ossolinsky, la Folie-Moreau, ou Charlevue, la brasserie Gazel, au pont de Viller, la cense de Méhon, la Folie sur la route d'Einville, les Glacières, comblées par les cadavres des prisonniers russes en 1815, la Maison du Diable, Saint-Léopold, etc.

Rue Demangeot.

De la rue Sainte-Marie à la rue de Lorraine. 8 numéros.

Anciennement rue des Pucelles, petite rue du Château.

Ainsi nommée en l'honneur d'un bienfaiteur de la ville, François-Sébastien Demangeot, né à Lunéville, décédé à Moscou en 1874, qui légua à sa ville natale tous ses biens en France, environ 100,000 francs, pour l'amélioration et le développement des écoles municipales. Il y eut aussi, jadis, vers 1689, un curé Demangeot, à Lunéville.

Le 12 juillet 1875, le Conseil municipal, sur la proposition de M. Cosson, décida que la petite rue du Château porterait le nom de rue Demangeot. Le nom du généreux donateur a été donné aussi aux écoles de garçons des faubourgs de Nancy et Viller.

Le 22 mars 1871, M. Duchêne, négociant, âgé de
52 ans, fut tué par un lieutenant prussien ivre, nommé
Wolfart, à l'angle des rues Demangeot et Sainte-Marie.

Au numéro 4, on remarque une fort belle maison à
trois étages, avec façade en grès rose, ornée de sculptures
Louis XV. Près de la porte, ancienne cloche en pierre,
sculptée.

Chemin du bois de Deuxville.

De la propriété de Saint-Léopold au bois de Deuxville.

Deuxville est aujourd'hui un village de 452 habitants,
du canton de Lunéville-Nord.

Chemin de la Dubesset.

(Voir rue du Manège.)

De la rue du Manège (limite de l'octroi) à Dehainville, à travers les vignes, les jardins et les houblon-
nières.

Ainsi nommé en souvenir de Anne du Bessé, Dubessey
ou du Besset, fille de Stanislas du Bessé, écuyer à
Lunéville.

En 1769, le contrôle des habitants signale aussi un
marchand, nommé Bessé.

Il est probable que cette Dubesset possédait une
maison de plaisance sur le coteau, et que son nom fut
donné par le peuple à l'avenue qui y conduisait.

Place de l'Église.

Entre la place Saint-Jacques, la rue Thiers, la Cour
Sauvage et les rues Sainte-Marie et Germain-Charier.
13 numéros.

Autrefois place de la Paroisse, place Saint-Remy
(c'était plus logique). En 1793, place du Temple.

Il y a peu d'années, on avait demandé pour cette
place le nom de place Pierre-Fourier, général des
Chanoines Réguliers de Lunéville, l'une des plus
grandes figures historiques et religieuses de la Lorraine.

Ce nom conviendrait mieux à la rue des Prés, qui

longe le pensionnat Saint-Pierre-Fourier, à Viller. Mais il vient d'être donné à la nouvelle rue particulière, amorcée dans la rue des Bénédictins.

Le nom de la place de l'Eglise lui vient du voisinage immédiat de l'église Saint-Remy (improprement appelée Saint-Jacques par le peuple depuis la démolition de la vieille église paroissiale en 1745).

Cette magnifique église, si élégante à l'intérieur et à l'extérieur, aux tours si gracieuses, achevées par Héré en 1747, était le temple de l'abbaye Saint-Remy, fondée en 999 à Lunéville par le comte Folmar le Vieux. Elle a été construite de 1730 à 1745, en grande partie aux frais des ducs et de Stanislas. Elle fut consacrée le 2 octobre 1745 par Mgr Bégon, évêque de Toul.

Elle est l'œuvre de Romain, d'après les dessins de Boffrand. Au sommet des deux tours, se trouvent deux chefs d'œuvre de Guibal, les statues de saint Michel et de saint Jean Népomucène, de la famille du roi de Pologne.

La *Monographie* artistique de cette merveilleuse église, de style si précieux, est encore à faire.

C'est une œuvre qui s'impose aujourd'hui, avec toutes les ressources de la phototypie et de l'illustration en couleurs.

A l'extérieur, on admire surtout l'élégance raffinée des deux tours, les sculptures du portail, deux niches vides pour les statues de saint Remy, le titulaire et sainte Anne, patronne de Lunéville.

A l'intérieur, assombri par d'horribles grisailles de 1862, mobilier assez riche. Orgues théâtrales, urnes des entrailles de Stanislas, statues en marbre blanc par Victor Huel, pierre tombale de la marquise du Chatelet, tableaux très nombreux, plusieurs de grande valeur, attribués à Girardet, Annibal Carrache, etc.

Il convient aussi d'admirer les grilles en fer forgé le mobilier en bois sculpté, tambour, chaires, stalles et boiseries du chœur, autel en marbre, autel des fonts en bois sculpté et un charmant triptyque en iveire, placé vis-à-vis la chaire, don des familles Demangeot et Mathieu en 1890. Ce triptyque renferme : la Crucifixion, l'Ensevelissement, l'Agonie et la Circoncision du Christ. C'est un chef-d'œuvre.

Au bas de l'urne de Stanislas, replacée auprès d'un affreux autel rococo à saint-Joseph, on lit sur une plaque de marbre :

A Stanislas Leszczynski, roi de Pologne, duc de Lorraine et de Bar, décédé à Lunéville, le 23 février 1766. Les entrailles de ce bon roi, surnommé le Bienfaisant, ont été déposées dans ce monument.

Sur la place se trouve l'ancienne abbaye des Chanoines Réguliers, devenue l'Hôtel de Ville. (Voir ce nom pour la Bibliothèque et le Musée).

Faubourg d'Einville.

De la place des Carmes à l'extrémité du territoire. 46 numéros.

Anciennement faubourg du Nord, rue d'Einville, dédoublée depuis la création de la nouvelle rpute.

Cette longue rue tortueuse aboutit à la route de Lunéville à Moyenvic, 17 kil., qui va à Einville-au-Jard, grosse bourgade de 1,357 habitants, sur le Sànon, à 7 kil. de Lunéville, patrie de Nicolas Uzier, auteur du *Triomphe du Corbeau*, et du cardinal Désiré Mathieu, né en 1839.

Einville est une ancienne localité qui remonte au IXe siècle. On y trouve beaucoup de curiosités archéologiques : statues, armoiries, meneaux, sculptures, inscriptions. Les ducs de Lorraine y avaient un château et un parc magnifique (le Jard). Ce parc a été défriché en 1768 et morcelée en 1824.

Einville fut très prospère surtout sous Léopold et Stanislas. En 1730, le duc de Lorraine y établit une magnifique ménagerie.

L'église, très vaste, date du temps du roi de Pologne (1753).

Pessincourt, hameau près d'Einville, avait appartenu aux Chanoines Réguliers de St Remy de Lunéville, depuis 1135 jusqu'à la Révolution.

Lire : *Notes* sur Einville, par Viansson-Ponté, 1896.

Chemin de l'Embanie.

De la rue du faubourg de Nancy, n° 105, à la grande prairie de la Vezouse. 2 maisons.

C'est un vieux mot français dont parlent ainsi les anciennes coùtumes de Metz et de Lorraine :

« L'*Embanie* est une terre mise en défense ou en réserve. Sont réputées vaines pâtures les terres non ensemencées et les prés non clos, ni mis en *embanie* ou regain ; après la dépouille, les terres vacantes, non labourées, les rapailles, chemins et buissons.

Les communautés ni les particuliers ne peuvent vendre ou louer leurs *embannies*, ni autrement en user, que pour leur propre usage, à la nourriture de leur bétail et de celui qu'ils tiennent à l'*aix*, communément dit *hôte*.

Dans son grand *Dictionnaire* de l'ancienne langue française, du IXe au XVe siècle (8 vol. in-4º). F. Godefroy dit : « L'Embanie est un ban pour la clôture des murailles ou des prés, réserve de terres sujettes à la vaine pâture, sur lesquelles on la défend pendant un certain temps ».

Ce vocable pittoresque est donc un vestige précieux de l'ancienne histoire de Lunéville. Ce canton de pré s'appelait Banvoire.

Rue Emile Erckmann.

(Ancienne rue de l'Est).

De la rue de Villebois-Mareuil à la rue d'Alsace. Ouverte de 1870 à 1872. 16 numéros.

Le 4 juillet 1899, le Conseil municipal décida que cette rue où était mort le grand romancier, porterait le nom d'Emile Erckmann, et non Erckmann-Chatrian comme l'avait proposé un membre.

Né à Phalsbourg, le 20 mai 1822, Emile Erckmann est mort à Lunéville, où il s'était retiré, le 14 mars 1899. Il est l'auteur, avec Chatrian, des célèbres *Romans nationaux* qui chantent nos Vosges, Phalsbourg, la terre d'Alsace, et qui ont été lus par tous les Français.

Chatrian, le collaborateur d'Erckmann est né le 18 décembre 1826, à Soldatenthal, hameau d'Abreschwiller ; il est mort en septembre 1890, à Villemonble.

Le monument que la ville de Lunéville s'apprête à élever au romancier Erckmann sera l'œuvre du bon et vaillant sculpteur Ernest Bussière, et sera très probablement élevé sur la jolie petite place de la Comédie, le seul endroit qui lui convienne réellement dans tout Lunéville.

Au n° 7 de cette rue, se trouve le réservoir des eaux de la ville, construit en 1879.

Cité de l'Est.

Cité ouvrière construite dans les vastes terrains compris entre l'avenue des Vosges, le quai de Strasbourg, les rues Haxo et Charles-Vue.

Ce quartier, si peuplé aujourd'hui, avec la caserne des chasseurs, les parcs élégants de la rue Charles-Vue, et de nombreuses maisons bourgeoises, était jadis absolument désert, quand M. Ch. Masson, notre sympathique adjoint, y vint établir ses vastes chantiers.

La filature de M. Alfred Marchal, au-delà du chemin de fer, est signalée souvent sur les plans sous le nom de filature de l'Est

C'est pour desservir ce lointain et populeux quartier que M. l'archiprêtre Fruminet a songé à construire une chapelle de secours, sous le vocable de saint Sigisbert, roi d'Austrasie.

Rue de l'Est.

(Voir rue Emile Erckmann).

Les anciennes plaques en fonte portant ce nom sont encore restées à côté du nom d'Emile Erckmann.

Ce vocable était parfaitement inutile et on a bien fait de le remplacer par celui, à jamais glorieux, de l'illustre romancier lorrain, enfant de Phalsbourg.

Place Eugène Ferry.

De la rue Sainte-Marie à la rue de la Vieille-Muraille. 16 numéros.

Ancienne place du Puits-Content ou du Puits de l'Ecole. On aurait dû conserver cet antique vocable et donner le nom de Ferry à une rue nouvelle.

En l'honneur de Victor-Eugène Ferry, ancien

représentant du peuple en 1848, né à Lunéville en 1803, mort à Nancy le 21 mai 1883, bienfaiteur de ces deux villes.

Nancy a donné son nom à une rue nouvelle du quartier Grandville et lui a érigé au cimetière du Sud, au rond-point des bienfaiteurs, un superbe mausolée en granit. Eugène Ferry a légué 250,000 francs à la ville de Nancy et 40,000 francs à Lunéville, plus un lit au Coton.

Eugène Ferry avait longtemps habité Merviller, au canton de Baccarat.

Chemin de la Faisanderie.

Entre les chemins de Saint-Léopold et de la Maison du Diable, allant vers l'ancienne Faisanderie ducale.

En souvenir de l'établissement spécial construit en 1730, dans ces parages suburbains, par le duc François III pour y élever de nombreux faisans importés d'Allemagne.

On sait que les faisans sont très friands d'œufs de fourmis ; les valets de la faisanderie allaient recueillir ces insectes dans la forêt de Vitrimont.

Ruelle de la Fayencerie.

De la rue de Viller, n° 53, à la Fayencerie Keller et Guérin, et à la rue de l'Abbé Renard. Même rue à Nancy.

Ce vocable historique rappelle une des industries les plus florissantes de notre cité, industrie qui a porté le nom de Lunéville dans le monde entier, la fayencerie Keller et Guérin, dont les admirables productions sont si appréciées des connaisseurs et des artistes.

Cette fayencerie de Lunéville, sœur aînée des fayenceries lorraines de Toul et Saint-Clément (1756), Pexonne et Badonviller, fut officiellement fondée, en 1730, par Jacques Chambrette, et confirmée par le duc François III, puis par Stanislas.

En 1748 et 1749, le fameux sculpteur Cyfflé y fit ses précieuses statuettes en terre de Lorraine ; en 1768, il obtint de nouveaux privilèges.

L'histoire de cette fayencerie célèbre est une des plus belles pages du *Livre d'Or* de l'industrie lunévilloise.

Lire à ce sujet : P. Boyé : *La Lorraine industrielle et commerçante sous Stanislas.*

Chemin de Fine-Farine.

(Aujourd'hui ce joli vocable a complètement disparu et c'est grand dommage).

Les deux chemins de Fine-Farine ont été remplacés, l'un par la rue Chéron et l'autre par la rue Nicolas Saucerotte.

Fine-Farine allait des Chenus à Ménil ; c'était un ancien lieudit dans ces vastes cantons de terres, entre le hameau de Ménil et Lunéville, avoisinant les Chenus et Frère Jean.

La Fourasse (*lieudit*).

Fermes dans les bois de Moncel, près de l'étang de ce nom, à l'entrée de la forêt de Mondon.

La Fourasse est un ancien lieudit, souvent cité au moyen-âge pour l'esglandage ou glandée des porcs des habitants de Lunéville.

Le bois communal de la Fourasse contenait 533 arpents et 13 verges.

La ville possédait encore le bois de Bleinchin, 544 arpents, les pâquis des Mossus, des Brouïnnes, de Xerbéviller et les droits de pêche à la charpagne (nasses) dans la Meurthe, la Vezouse et la Mortagne.

Les eaux de l'étang de la Fourasse venaient alimenter les bassins des Bosquets, par une double file de tuyaux en bois.

Les censes de Mississipi, la Grande Fourasse, Saint-Georges, Pierrot, Desneux et de la Pointe des Cras, groupées autour de l'étang ou dans le bois de Mondon formaient autrefois une petite commune, sous la nom de Censes de la forêt de Mondon.

Le Dictionnaire topographique de la Meurthe, signale encore la Petite-Fourasse, commune de Chanteheux, et la Fourasse, près de Bures.

Rue François Parmentier.

De l'avenue Voltaire, n° 58, à la rue Louis Ferry au Dahomey. 8 maisons.

Partie de l'ancien chemin de Ronde des casernes.

Le 4 juillet 1899, sur la proposition de M. Ribierre, maire de Lunéville, et après avis conforme des diverses commissions municipales, le Conseil décida que l'ensemble du Quartier-Neuf s'appellerait désormais quartier du Dahomey (?)

Le même jour, la voie située à l'est de la caserne d'artillerie Treuille de Beaulieu fut nommée *rue François Parmentier*, en l'honneur d'un ancien maire de la ville, F. Parmentier, chevalier de la Légion d'honneur, né le 15 août 1798, mort le 5 décembre 1879, inhumé au cimetière de Lunéville.

M. Parmentier fut maire de Lunéville pendant 22 ans, à diverses reprises, de 1849 à 1870, et signala son administration par de nombreux services.

Un autre Parmentier (François-Nicolas), né à Rome en 1755, fut aussi maire de Lunéville, de 1810 à 1815. Il mourut en 1839.

Chemin du Frère Jean.

De la rue des Chenus au chemin de Viller à Ménil. 2 maisons.

Ce nom lui vient d'un ancien canton de terres à Ménil. Jean de Laval vendit en 1745 au roi Stanislas, un vaste terrain pour la maison de Charité, fondée par ce prince à Lunéville.

Rue Gaillardot.

De la rue Gambetta, n° 22, à la rue Rivolet. 19 numéros.

Ancienne rue de Ouhot, rue du Jardin Houot, rue Houot, rue du Houot, ruelle du Jardin l'Abbé

Cette rue étroite, formée de deux portions bien distinctes : rue du Houot et ruelle du Jardin l'Abbé, a été nommée le 6 juin 1885 *rue Gaillardot*, pour honorer trois générations de savants médecins et chirurgiens, qui furent aussi de généreux bienfaiteurs de Lunéville, comme les Castara, les Parmentier et les Saucerotte.

Le premier Gaillardot fut Jean Gaillardot, chirurgien attaché au corps de la gendarmerie royale, qui épousa Elisabeth Radès et qui mourut à Lunéville le 20 mars 1818, âgé de 79 ans.

Le second, le plus célèbre, fut Charles-Antoine Gaillardot, né le 8 novembre 1774, chirurgien militaire de 1790 à 1810, pendant toutes les guerres de la Révolution et de l'Empire, naturaliste et médecin très distingué, qui se retira à Lunéville et y mourut le 7 septembre 1833.

Gaillardot, dont on peut lire les savantes études dans les *Mémoires* de l'Académie de Stanislas, avait un cabinet de fossiles très remarquable. En 1810, il avait épousé la fille du général Diettmann.

Charles Gaillardot son fils, né à Lunéville en 1814, fut aussi un médecin de valeur. Il fut attaché successivement au service de santé de France en Egypte, puis devint directeur de l'école de médecine au Caire et fit partie des célèbres missions archéologiques de MM. de Saulcy en Palestine et Renan en Phénicie. C. Gaillardot mourut le 17 août 1883 dans un village du Liban, près de Beyrouth, laissant un legs important à sa ville natale.

Lire sur C.-A. Gaillardot : J. Lamoureux, *Eloge de Gaillardot, 1836.*

Au n° 16, se trouve le Casino.

Rue Gambetta.

De la rue Girardet à la rue des Bosquets et coupée en deux parties par la place Léopold. 66 numéros.

Ancienne rue Sainte-Elisabeth (en souvenir du couvent des Sœurs Grises) ; en 1793, rue Jean-Jacques Rousseau.

Le 31 janvier 1883, sur la proposition de M. Ribierre, le conseil municipal décida que la rue Sainte-Elisabeth deviendrait rue Gambetta et la rue des Ponts rue Chanzy.

En l'honneur du grand tribun, du grand patriote, célèbre orateur et homme d'Etat français, Léon-Michel Gambetta, né à Cahors le 3 avril 1838, mort aux Jardies (Ville-d'Avray, Seine-et-Oise), le 31 décembre 1882, à l'âge de 44 ans, après avoir organisé la République libérale et parlementaire.

Lire : J. Reinach, Depasse, Desmarest : *La vie et les œuvres de Gambetta.*

Au n° 20, se trouve la sous-préfecture.

Il y a, dans cette rue Gambetta, de beaux hôtels particuliers, avec portes cochères ornées de sculptures, notamment aux n°ˢ 36 et 39. Au n° 45, imprimerie des *Petites Affiches,* journal de Lunéville, fondé en 1826.

Ile Gazel.

C'est une petite île de la Meurthe, située au-delà du vieux pont de Viller, avant le confluent de la Meurthe et de la Vezouse. Cette île marque la limite de l'octroi de Lunéville.

Les autres îles sont : l'île des Grands-Moulins, formée par le canal de dérivation, l'île de la Vezouse, par le canal du moulin de Xerbéviller, l'île Saint-André, en ville, et le petit îlot en amont du Gué des Vaches.

Rue Germain-Charier.

De la Grande-Rue à la place de l'Eglise. 32 numéros.

Ancienne rue de la Vieille-Boucherie, rue des Trottoirs; en 1793, rue du Temple.

En l'honneur d'un bienfaiteur de la ville, Germain Charier, né à Herbéviller, mort et enterré à Lunéville, qui a laissé de nombreux legs pour les écoles, la bibliothèque, l'hôpital, le Coton, etc.

Dans le bâtiment dit des Halles, place Léopold, on peut lire au milieu de l'escalier d'honneur cette inscription sur marbre noir :

« En 1885, le conseil municipal a décidé l'érection de cette plaque pour perpétuer le souvenir de Germain-Sigisbert Charier, ancien négociant, ancien conseiller municipal, né à Herbéviller le 17 octobre 1785, décédé à Lunéville le 3 avril 1865, lequel, par une donation du 18 février 1857 a permis à la Ville d'édifier ce monument terminé en 1860. M. Parmentier étant maire. »

On sait, à propos de la Vieille-Boucherie, qu'en 1417 le duc Charles II donna d'intéressants règlements aux bouchers de Lunéville, compagnons du maisel.

Au n° 25, écusson ovale avec date : 1587.

Rue Girardet.

De la rue Castara à la rue Rivolet et à la rue des Orphelins. 21 numéros. Même rue à Nancy.

Anciennement : rue du chemin de Ménil, rue de Ménil, longeant l'ancien cimetière de Lunéville, dans les dépendances de l'hôpital.

Le 3 novembre 1873, le conseil municipal décida que la partie de la rue de Ménil, depuis la rue de la Douane (Castara) jusqu'au passage à niveau (supprimé et remplacé par un pont) serait nommée rue Girardet, la partie au-delà du chemin de fer restant la rue de Ménil.

En l'honneur d'un des plus grands peintres de la Lorraine, le célèbre portraitiste du roi Stanislas, Jean Girardet, né le 13 novembre 1709, à Lunéville, élève au collège, puis abbé, puis cornette de cavalerie, puis élève de Claude Charles, puis peintre ordinaire de Stanislas le 10 mai 1758, mort à Nancy le 28 septembre 1778, inhumé dans l'église Saint-Sébastien, où l'on voit encore son tombeau.

Girardet s'est marié deux fois à Lunéville. Ses œuvres sont encore très nombreuses à Nancy et à Lunéville. Il y a de lui des fresques et de beaux tableaux à Saint-Jacques.

La Prison civile, n° 17, a remplacé l'ancienne Maison de Force.

Grande Rue.

De la rue Banaudon à la place du Château, 66 numéros. Partie de la route nationale.

En 1638, rue Porte Joly pour la 1re partie, puis Grande Rue ; en 1793, rue de la Constitution.

Une des plus anciennes rues et la principale du vieux Lunéville fortifié, allant de la Porte Joly à la Tour Blanche.

C'est la vieille rue lunévilloise commerçante et bourgeoise, avec ses anciens couvents devenus maisons industrielles, ses maisons bourgeoises de belle apparence.

Au n° 41 existait jadis le couvent des religieuses de la congrégation de Notre-Dame, fondée par Pierre Fourier et Alix Le Clerc. Ces religieuses (aujourd'hui au couvent de Ménil), s'établirent à Lunéville en 1625, à la Porte Joly, puis en 1671 dans la Grande Rue (maisons Pfeiffer et voisines).

On trouve encore des vestiges de ce monastère, et, dans les caves voûtées qui servaient de cimetière, les noms de religieuses inhumées là.

Aux nᵒˢ 45 et 47 de la Grande Rue se trouvait le couvent et le vaste enclos des Minimes, établis là en 1620 sous Henri II.

Dans leur église, bâtie en 1628 et richement décorée par le duc Léopold, on voyait les tombeaux de plusieurs grandes familles lunévilloises et lorraines, notamment celui de Bébé, le nain de Stanislas, Nicolas Ferry. Ce tombeau se trouve aujourd'hui au musée de Lunéville.

Dans la maison Henry-Jacquot, nᵒ 45, on remarque un superbe escalier ; dans la cour, un écusson avec croix de Lorraine porte la date de 1671.

Au nᵒ 59, belle statue en pierre de saint Michel terrassant le dragon, dans une niche élégante.

Rue des Grands Moulins.

De la rue des Orphelins à la sortie de la rue de l'Abbé Renard, à la rue Trouillet et au chemin de Viller à Ménil, à l'angle de la propriété Bajot. 4 numéros.

Ancien chemin direct pour aller à l'avenue des Grands Moulins, construits sur la Meurthe en 1714, et jadis situés près du premier pont de Viller. Ancien écart de Lunéville.

Les célèbres moulins de Lunéville, déjà cités et connus au XIIIᵉ siècle, étaient appelés moulins et battants, dans tous les titres, acquêts et échanges.

Le 15 février 1499, Pierre des Salles, seigneur de Gombervaux et Nicole de Warnoncourt, sa femme, vendaient au duc René de Lorraine une partie des moulins et battants de Lunéville, sis sous le château de la ville, pour la somme de 250 francs.

Le 2 mars 1582, les religieux de Saint-Remy cédaient au duc Charles III leurs moulins et battants sis sur la Meurthe près de Ménil.

Rue Guibal.

De la rue du Vieux chemin de Moncel (descente du

pont du chemin de fer) vers Ménil. Propriété particulière. Rue en formation.

En l'honneur d'une famille d'artistes célèbres du
pays lorrain : *1° Barthélemy Guibal,* mort en 1757,
sculpteur fameux qui a fait la statue de Louis XV,
fondue en 1755 à la fonderie de Lunéville et de nombreux chefs-d'œuvre.

2° Nicolas Guibal, son fils, né à Lunéville, le
29 novembre 1725, mort à Rome en 1750 suivant les
uns, suivant d'autres à Stuttgart en 1783. Nicolas
Guibal fut un peintre distingué qui a laissé des œuvres
fort remarquables en Wurtemberg. On a dit de lui que
c'était un rare génie.

Son père est plus connu chez nous par toutes ses
nombreuses productions. Les deux statues qui sur-
montent les tours de Saint-Jacques sont de lui.

Même rue à Nancy.

Rue Hargaut.

De la Grande-Rue, n° 25, à la rue du Rempart.
17 numéros.

Anciennement : rue Hargo, en 1793, rue Publicola.

C'est un vieux vocable lunévillois dont l'origine se
perd dans la nuit des temps.

En 1596, il y avait à Lunéville un Claudon et un
Nicolas Hargault.

En 1643, les soldats français qui campaient à Lunéville, détruisirent le four banal de la rue Hargaut et
pillèrent toute la ville.

L'extrémité de cette rue portait au XVIIe siècle le
nom de *Place du Bétail* ou cul de sac de la rue Hargaut.

Au n° 6, salle d'asile Germain-Charier.

Chemin du Haut-Potier.

(Voir Chemin des Troupes).

Du chemin de Sainte-Anne, plus loin que le moulin
de Xerbévillers vers la forêt de Vitrimont.

Chemin du Haut-Trait.

Du faubourg de Viller au chemin des Porches.

Petit chemin voiturier à travers les champs de

lisettes et de pommes de terre, prenant en-deçà du pont de Viller sur la Meurthe et aboutissant à la prairie, entre les deux eaux de Meurthe et de Vezouse, se rapprochant très rapidement de leur confluent.

Du chemin du Haut-Trait, se détache d'une part le chemin des Porches, allant vers la Meurthe et l'île Gazel, d'autre part le chemin de l'ancien pont des carrières de Sainte-Anne, se dirigeant vers la Vezouse.

Rue du général Haxo.

De la rue d'Alsace, n° 82 bis, au quai de Strasbourg, dans le quartier de Charles-Vue. 21 numéros.

Anciennement ruelle de la Voûte, sentier de la Voûte.

C'est une ancienne ruelle, transformée en rue, de la rue d'Alsace au quai de Strasbourg, dans tout son parcours, depuis l'ancienne maison dite de la Voûte jusqu'au chemin de fer.

Ainsi nommée, en 1875, en l'honneur de François-Nicolas-Benoît Haxo, né le 24 juin 1774 à Lunéville, général de division, héros du siège d'Anvers, mort le 25 juin 1838.

Le *Souvenir français* fera placer sur la maison natale du général Haxo une plaque de bronze avec cette inscription :

« Dans cette maison naquit le 24 juin 1774, François-Nicolas-Benoît Haxo, général de division, pair de France, grand-croix de la Légion d'honneur, qui s'illustra à Landau, Mayence, Saragosse, Kulm et Anvers, mort le 25 juin 1838. »

Il y eut plusieurs généraux Haxo, de Lunéville et Raon-l'Etape, qui s'illustrèrent au XIXe siècle.

Citons Nicolas-François Haxo (1773-1815), et le général Haxo, tué en Vendée en 1794.

Notre glorieux concitoyen, François-Nicolas-Benoît Haxo, qui a donné son nom à cette rue, était le fils de Benoît Haxo, conseiller du Roi, maître des eaux et forêts de France au département de Lunéville. Sa carrière militaire fut des plus glorieuses, et son rôle au siège d'Anvers est resté célèbre entre tous.

Qu'il nous suffise de rappeler les campagnes de ce

héros lunévillois : Landau, Mayence, 1794, Italie, 1801, Turquie, 1807, Saragosse, 1809, général de brigade en 1810, Allemagne, 1811, général de division, 1812, Russie, Kulm, 1813, Waterloo, 1814, Anvers. Conseiller d'Etat et pair de France en 1832.

Lire à ce sujet : Bardy : *Le général Haxo ;* Denis : *Etat civil de Lunéville*, p. 213, 214 ; Aubernon : *Eloge historique du général Haxo, 1839 ;* Mengin : *Notice sur le général Haxo, 1838.*

Au nᵒ 3 de cette rue, joli groupe scolaire Urbain, construit en 1891 par M. Weissemburger, architecte.

Route de Hénaménil.

De la rue du faubourg d'Einville au village de Jolivet (jusqu'à l'extrémité du territoire de Lunéville).

Cette route, chemin d'intérêt communal nᵒ 16, dit de Lunéville à Coincourt, conduit à Hénaménil, par Jolivet, 1,300 mètres, Sionviller, Crion, Hénaménil, 11 kil., Parroy, 15 kil. et Coincourt, 17 kilomètres.

Hénaménil, à 11 kilomètres de Lunéville, est un ancien village sur le Sânon, de 400 habitants.

Il s'appelait jadis Henaudi-Mansile. On pense que le village actuel date du 13ᵉ siècle.

Rue Héré.

De la rue Chanzy à la Vezouse. 25 numéros. Même rue à Nancy.

En 1793, nommée rue Mably.

En l'honneur d'Emmanuel Héré de Corny, né en 1705, à Nancy, mort à Lunéville en 1763, célèbre architecte du roi Stanislas.

Emmanuel Héré (ou Heré), naquit à Nancy (et non à Sancy), le 12 octobre 1705, sur la paroisse Saint-Sébastien ; jeune encore, il fut choisi par Stanislas pour ériger les nombreux palais et monuments qui font, aujourd'hui encore, la gloire de notre Lorraine, notamment les tours de Saint-Jacques et une partie du château de Lunéville, les châteaux de Chanteheux, de La Malgrange, de Commercy, d'Einville, l'église de Bonsecours, les bâtiments de la place Stanislas à Nancy, l'Arc de Triomphe, le piédestal de la statue de

Louis XV, les bâtiments du palais du Gouvernement, les pavillons et les maisons de la place Carrière, l'hémicycle, les tribunaux, les bâtiments et la fontaine de la place d'Alliance, des ponts, des fontaines, des promenades, etc.

Il fut anobli en 1751 et décoré par Louis XV de l'ordre de Saint-Michel.

La réputation de Héré passa les frontières du duché.

On trouve en Wurtemberg des châteaux construits par l'architecte du roi Stanislas.

Malgré son titre d'architecte royal, Héré mourut pauvre, à Lunéville, le 2 février 1763, à l'âge de 57 ans, ayant eu seize enfants de son épouse, Marguerite Duquesnoy. Il fut enterré dans les caveaux des Carmes (maison Érard). Son nom est éteint aujourd'hui.

Héré a laissé un splendide *Recueil*, en 3 volumes in-folio, de tous les monuments qu'il a construits.

A l'extrémité de la rue Héré, qui n'est en somme qu'une impasse fermée par la Vezouse, se trouve une belle place plantée d'arbres et qui sert de cour au quartier Beauvau.

Lire : Morey : *Vie de Héré de Corny*, 1863, avec un beau portrait de cet architecte, qui a une rue et une statue à Nancy.

Chemin de la Herquet.

De la rue du faubourg de Nancy au coteau des vignes.

Encore un vieux vocable analogue à celui de la Dubesset, dans le même quartier.

En 1769, il y avait au n° 7 de la rue des Chanoines (rue Thiers actuelle), une demoiselle Herquet, fille.

Impasse de l'Hôpital.

De la rue Castara à l'entrée de l'Hôpital. 10 numéros.

Cette *impasse*, appelée improprement rue de l'Hôpital, aboutit à l'entrée d'honneur de l'hôpital Saint-Jacques, civil et militaire.

Elle s'appelait autrefois : petite rue de l'Hôpital ; en 1793, rue des Secours et Hospice de l'Humanité.

C'est le 6 juin 1885 que le Conseil municipal décida que la rue des Secours deviendrait impasse de l'Hôpital, eh même temps que la rue de la Doûane s'appellerait rue Castara.

Cette impasse nous amènerait à résumer l'histoire de tous les anciens hôpitaux de Lunéville, mais ce travail a été fait par M. Paulin : *L'Hôpital Saint-Jacques depuis sa fondation jusqu'en 1815*. Lunéville 1892.

Voici sommairement l'historique de cet établissement, desservi par un personnel d'élite, sous la direction des sœurs hospitalières de Saint-Charles, fondées à Nancy en 1627, par Pierre de Stainville, grand-doyen de la Primatiale et par Emmanuel de Chauvenel, seigneur de Xoudailles.

Le premier hôpital de Lunéville pour les pauvres malades fut fondé vers 1050, par Oda, sœur d'Adalbéron, évêque de Metz, sur le pont, près du château, sous le vocable de Saint-Georges. Il appartint aux Templiers, puis aux chevaliers de Malte.

Cet hôpital en vit se fonder un second à Viller, en 1406, par le duc Charles II, sous l'invocation de Saint-Maur-des-Fossés. Il fut cédé à la ville en 1612, à la place du vieil hôpital d'Einville, consacré à Saint-Genest, et bâti dans la Grande-Rue, vis-à-vis le château.

En 1709, le duc Léopold réunit les hôpitaux de Viller, d'Einville, de Maixe, d'Ogéviller et de Tantimont, pour créer, à l'emplacement actuel, l'hôpital Saint-Jacques.

Le cimetière de Lunéville existait alors dans les dépendances, le long de la rue Girardet. Il fut agrandi le 2 novembre 1736 et fermé le 30 novembre 1813.

Voici les principaux bienfaiteurs et fondateurs de lits à l'hôpital de Lunéville :

1707. A. Laloy, avocat, et Charlotte Lebrun ; 1714, le prince Marc de Beauvau ; 1715, Paul Guerre, ancien maire de Saint-Nicolas ; 1719, le duc Léopold, 5 lits ; 1722, un seigneur de la cour ; 1723, J. Richard Laprérie ; 1725, M. le Voyer, chirurgien ; 1725, A. Marquerey, chirurgien ; 1731, Thomassin, ancien conseiller à la Cour ; 1731, Ch. Antoine de Royer, comte de Marainviller ; 1732, Le Voyer ; 1734, Nicolas Gaillard, curé de Seranville ; 1738, veuve Le Voyer ; 1741, Mlle Breton ; 1742, M. l'Enfants ; 1752, M. Mayart, écuyer, 4 lits ; 1755, Mme Chavanne ; 1778, Alliot de Serdier, 4 lits ; 1778, Thérèse Cherrier, veuve Collot, 1er échevin ; 1785, Thérèse Jeanjean ; 1788, Mlle Prudhomme, de Vitrimont ; 1868, famille Brisac, un pavillon et 3 lits.

L'hôpital Saint-Jacques de Lunéville reconnaît pour

fondateur le duc Léopold et pour bienfaiteurs insignes le roi Stanislas, les chirurgiens et les sœurs de Saint-Charles qui y furent appelées dès l'année de la fondation, en 1706.

On y admire l'étendue des jardins et des bâtiments, le superbe cloître de 1706, avec deux rangées d'arcades superposées, et le confortable de toutes les installations civiles et militaires.

Les bureaux de l'hôpital sont établis à l'entrée de la rue Girardet, dans ce qui reste du couvent des Sœurs Grises de Sainte-Elisabeth, qui avaient donné ce nom à la rue Gambetta actuelle.

Sous le péristyle, on remarque quatre plaques de marbre noir :

1re PLAQUE. — Fondateurs de lits de l'établissement : *Gaillard, 1734 ; comtesse de Châtenoy, 1788 ; Jenny Brisac, 1868 ; Théophile Fenal, 1897.*

2e PLAQUE. — Donateurs : *Hugonet, 1856 ; Staub, 1860 ; Liot, 1864 ; Charrier, 1865 ; Grare, 1879 ; Debay, 1882 ; Claude, 1894.*

3e PLAQUE. — Médecins : *Saucerotte, 1777-1813 ; Castara, 1780-1813 ; Dausse, 1793-1838 ; Castara, 1813-1826 ; Benoît, 1818-1826 ; Thouvenin, 1819-1839 ; Castara, 1826-1879 ; Gueury, 1826-1865 ; Saucerotte, 1838-1862 ; Thomassin, 1839-1867 ; Chatelain, 1867-1876 ; Monginot, 1862-1886 ; Simon, 1865-1891.*

4e PLAQUE. — *A Sœur Cécile Vauthier, née à Sainte-Menehould, le 7 avril 1804, entrée dans la Congrégation de Saint-Charles en 1825, supérieure du pensionnat de Sainte-Menehould le 30 avril 1831, supérieure de l'hôpital Saint-Jacques de Lunéville le 4 décembre 1854, décédée le 29 octobre 1886.*

L'administration de l'hôpital Saint-Jacques, interprète des sentiments de reconnaissance des pauvres de Lunéville, a fait ériger cette plaque à la mémoire de sœur Cécile, 1886.

Il est regrettable qu'aucune inscription commémorative ne rappelle la date de la fondation et les noms des bienfaiteurs principaux, Léopold et Stanislas.

L'entrée de la chapelle de l'hôpital est au n° 6 de la
la rue Girardet, sur une portion de l'ancien cimetière
de la ville.

En souvenir de cette nécropole, on a érigé une haute
croix de pierre avec ces inscriptions :

*D. O. M. Cette croix, élevée sur les anciens
tombeaux, invite les fidèles à prier pour leurs
aïeux.*

*A la mémoire des fidèles inhumés dans ce cime-
tière de 1591 à 1813.*

*Erigée en 1830, réédifiée à l'aide des dons pieux
des fidèles en 1866. A. M. D. G.*

La chapelle actuelle date de 1708, où elle fut inaugurée le 11 septembre. Parmi ses aumôniers, il importe
de signaler l'abbé Rohrbacher, le futur historien de
l'Eglise universelle.

Elle n'a rien de remarquable qu'une dizaine d'assez
bons tableaux ; une grille formidable sépare le chœur
de la nef. Sur les pilastres, on remarque deux curieuses
épitaphes :

A gauche : *Cœur du Sʳ Paul Guerre, vivant
ancien maire de Saint-Nicolas, âgé de 82 ans,
décédé le 27 janvier 1715, bienfaiteur de cet hospi-
tal. Priez Dieu pour le repos de son âme.*

Au milieu de l'inscription, on voit un gros cœur
tout doré. On sait que ce Guerre, mon compatriote, a
donné en 1708 à l'hôpital de Lunéville les revenus de
la chapelle Saint-Nicolas, de Maixe. Mort en 1715 à
82 ans, Guerre avait deux ans lors des malheurs et de
la ruine de son pays natal, en 1635.

A droite : *Ci-gist le sieur Jean-Baptiste Le Voyer,
quand il vivoit conseiller de S. A. R. et son premier
chirurgien, qui, après avoir receu tous ses sacrements avec une fervente dévotion, rendit son âme
à Dieu le 28ᵉ avril 1734.*

*Son zèle à soulager les pauvres l'engagea toujours
à les traiter lui-même gratuitement et à perpétuer
sa charité envers eux en fondant plusieurs lits aux
hôpitaux de Lunéville.*

*Anthoinette de Vesvre, son épouse et femme à
S. A. R. Madame régente, pour marquer son atta-*

chement à ce cher deffunt, a fait dresser cette épitaphe et souhaite estre inhumée dans le même tombeau pour réünir leurs cendres comme leurs cœurs l'ont esté.

Ce qui a été exécuté, étant décédée le 26 janvier 1741.

Je signalerai encore dans cette chapelle de l'hôpital deux statues artistiques, en bois polychrômé, œuvre récente de mon excellent ami, le bon sculpteur Victor Huel, de Nancy.

*
* *

Il existe encore à l'hôpital, près de la chapelle des Morts et dans un recoin de jardin, quelques débris d'inscriptions de l'ancien cimetière. Un morceau de marbre ou de stuc, presque illisible, est scellé près de la porte de la Morgue, et on lit :

D. V. T. Ici repose François-Nicolas Hœgel, chanoine régulier, professeur, prêtre d'un mérite reconnu. Il est décédé le 27 octobre 1802, âgé de 44 ans.

Dans ce qui fut l'ancien cimetière des religieuses de Saint-Charles, on a conservé quelques cénotaphes, celui d'une dame Henriette de Kraffetel, veuve de M. de Lamarche, grand-bailli de Dieuze ; celui de sœur Kégie Lasgnon, 1789 ; celui de sœur J. Frideritzy, 1807, et celui d'une ancienne économe et supérieure de l'hôpital, Marie Badel, femme de très grand mérite, qui eut l'honneur d'être arrêtée en octobre 1793, sur une dénonciation de Sonnini... qui depuis...

Voici cette inscription :

Ici repose le corps de respectable Anne-Marie Badel, de la congrégation de Saint-Charles, sœur économe de cet hôpital depuis longues années, décédée le 3 septembre 1812, à l'âge de 71 ans 8 mois 10 jours, singulièrement recommandable par toutes les vertus de son état. Elle mérite un souvenir de vénération. Sa mort ne peut qu'être précieuse devant le Seigneur.

Tels sont les souvenirs intéressants que nous avons cru devoir consigner ici sur l'hôpital Saint-Jacques, à propos de l'étroite impasse qui, déjà, y a conduit tant de malheureux, d'infirmes et de vieillards.

*
* *

Bien souvent les étrangers à notre ville, en présence de notre importante garnison, se demandent où se trouve l'hôpital militaire.

Il n'y en a plus, et l'hôpital Saint-Jacques a un pavillon spécial pour les soldats malades.

Cependant, avant la Révolution, pendant le séjour des gendarmes rouges à Lunéville, il y eut un hôpital militaire qui, logé très à l'étroit au début, fut installé par lettres de Louis XV du 13 octobre 1769 dans l'hôtel de Craon, appartenant alors au maréchal de Beauvau, et qui fut cédé par lui en échange d'autres immeubles.

Ce premier hôpital militaire de Lunéville a disparu avec l'hôtel de Craon, et sur son emplacement a été élevée la maison Keller, où fut signée la paix de Lunéville en février 1801.

Il y eut aussi chez nous une sorte de succursale des Invalides, installée en 1788, dans les vastes bâtiments de l'Orangerie ; elle reçut douze maréchaux des logis, brigadiers et gendarmes, pauvres et infirmes, se trouvant sans asile.

Square de l'Hôtel de Ville.

Entre les rues Thiers, Banaudon et du Temple.

Ancienne place du Centre, transformée en square élégant pour y placer le beau monument des soldats morts pour la patrie en 1870.

Ce monument, en marbre blanc et granit, a été inauguré le 6 avril 1877 ; il est l'œuvre de Jules Reboul et a coûté environ 30.000 francs, recueillis par des souscriptions volontaires, que l'*Eclaireur* a publiées jadis.

La belle grille qui entoure le square a été exécutée en 1878 par MM. Vallet et Trabraise.

Le monument patriotique de Lunéville est assurément un des plus beaux élevés à la mémoire de nos soldats morts en 1870. La haute pyramide de granit, émergeant d'une base très large, est flanquée de deux

admirables statues en marbre blanc, symbolisant les deux cités de Lunéville et de Sarrebourg.

Voici la description très exacte qu'en fait M. Baumont, dans son *Histoire de Lunéville* :

Un certain nombre de patriotes avaient eu, dès les premiers mois de 1872, la pieuse pensée de perpétuer la mémoire des citoyens des arrondissements de Lunéville et de Sarrebourg, tués pendant la guerre, et des soldats français décédés dans les hôpitaux et ambulances de Lunéville.

Une commission de 16 membres, présidée par M. Brisac, fut élue le 24 novembre 1872. Le conseil municipal, dans sa séance du 20 octobre 1873, vota une somme de 500 francs et déclara se charger de tous les travaux d'embellissement de la place du Centre, qui fut choisie d'un commun accord (après bien des difficultés et des tergiversations) pour recevoir le monument.

A la suite d'un concours auquel prirent part 48 artistes, le projet de M. Jules Reboul, architecte à Paris, recueillit les suffrages unanimes des membres du comité.

Sur un soubassement imposant, en forme de croix de Lorraine, s'élève un piédestal carré, surmonté d'un monolithe (en granit).

A gauche, adossée au piédestal, est assise la statue allégorique de la ville de Lunéville, tenant d'une main la palme des martyrs et de l'autre le drapeau et le brassard de Genève, insignes de son dévouement.

A droite, la statue de Sarrebourg, la face voilée, serrant encore le drapeau français, dépose des couronnes funéraires et semble attendre avec résignation l'œuvre de la délivrance. Ces deux statues, traitées avec une grande sobriété de lignes, produisent une profonde impression.

Les noms des victimes de la guerre — 600 environ — sont gravés sur le soubassement, au-dessous des deux inscriptions suivantes que supportent la face principale et la face opposée :

A la mémoire des citoyens des arrondissements de Lunéville et de Sarrebourg, victimes de la guerre 1870-1871. — Aux soldats morts dans les ambulances de Lunéville.

Sur le piédestal, on lit ce verset : *Melius est mori in bello quam videre mala gentis nostræ.* (Il vaut mieux mourir dans la guerre que de voir les malheurs de notre nation),

Le soubassement et le piédestal sont en granit des Vosges ; les statues ont été taillées dans des blocs de marbre de Saint-Béat, donnés par l'Etat.

Le monument coûta 30.828 francs, dont 28.202 francs provenant de la souscription ; la ville solda la différence et donna à la place du Centre — aujourd'hui square de l'Hôtel de Ville — l'aspect qu'on lui connait.

Le square est assez bien entretenu avec ses verdures et ses plantations. Il serait à désirer que le monument fût nettoyé quelquefois et que la grille du pourtour fût repeinte pour éviter la rouille.

Enfin les services du Musée et de la Bibliothèque sont bien à l'étroit, et le mieux pour Lunéville serait de pouvoir bâtir une nouvelle Ecole Mutuelle ou bien un édifice spécial pour la bibliothèque publique et les divers musées : peinture, sculpture, céramique et poterie, histoire naturelle, archéologie et histoire locale. *Hoc est in votis !*

*
* *

Le collège de Lunéville s'élevait jadis sur une partie du square : c'était le prolongement de l'Hôtel de Ville, dont la façade sur le square et au chevet de Saint-Jacques, a été unifiée et surmontée d'une balustrade qui a fort grand air.

L'Hôtel de Ville n'est autre chose que l'ancien monastère des Chanoines Réguliers du Sauveur, réformés par le célèbre curé de Mattaincourt, saint Pierre Fourier, dont le nom et les œuvres sont inséparables de l'histoire de Lunéville.

Ce monastère, qui entourait ainsi la splendide église

abbatiale de Saint-Remy, devenue paroisse de la ville en 1745, devint bien national à la Révolution, lors de la confiscation par l'Etat de tous les couvents. Il fut cédé à la ville contre le tribunal civil, ancien palais du bailliage datant de 1706. Le 9 juillet 1802, au rétablissement légal du culte à Lunéville, l'ancien hôtel abbatial fut également cédé par l'Etat à la ville, pour le logement des ministres du culte catholique.

L'Hôtel de Ville, dont la porte d'honneur s'ouvre sur la place de l'Eglise, n'a rien de remarquable, en dehors de la bibliothèque et du musée.

On sait qu'en 1786, il avait été question de construire un nouvel hôtel de ville à l'emplacement des halles et du collège. Dans ce bâtiment on aurait réuni tous les services administratifs et judiciaires, les écoles, les halles, etc.

Les principaux maires de Lunéville, depuis la réunion de la Lorraine à la France, furent : Lasnière, Drouin, Georgeat, Dalancour, Drouin jeune, Delmaire, Gravilliers, Maire, Lelmi, Saucerotte, Benoist, de Frawenberg (1823-1829), Guérard, Viox, Cosson, Hamelin, Parmentier (1849-1870), Saucerotte, Keller, Majorelle (1871-1875), Jeanmaire (1875-1876), Cosson (1876-1879), Bony (1879-1881), Louis Ferry (1884-1888), Ribierre (1888-1901).

Nous ne pouvons faire ici, dans ce court résumé, l'histoire de l'Hôtel de Ville de Lunéville. Ce serait un travail intéressant que cette histoire de la vie politique dans notre cité, depuis Léopold et Stanislas jusqu'à l'administration si paternelle de M. Ribierre.

*
* *

La bibliothèque municipale, établie avec le musée au premier étage du pavillon de l'Hôtel de Ville donnant sur le square, est ouverte au public tous les jours semainiers, à des heures fixées par un règlement qui varie avec les saisons.

Une salle spéciale de lecture est affectée aux travailleurs et le prêt des livres au dehors est autorisé pour toute personne honorable de Lunéville.

Au mois de janvier 1901, notre bibliothèque renferme près de 15.000 volumes, dont 12.000 reliés convenablement aux armes de la ville, estampillés, numérotés, inscrits au double catalogue méthodique et sur fiches.

Il y a 39 manuscrits sans importance et 1.371 pièces manuscrites.

Le crédit annuel pour la bibliothèque et le musée est de 3.000 francs ; on a relevé pour l'année 1900 2.700 lecteurs.

Il n'y a pas d'*incunables*, ni de livres lorrains de grande valeur, mais les personnes désireuses de s'instruire dans l'histoire locale y trouveront un fonds suffisant d'ouvrages.

A côté de la bibliothèque, se trouve le musée, qui comprend plusieurs petites salles et une galerie de peinture. Le catalogue n'a jamais été imprimé ; c'est une lacune regrettable.

Notre musée lunévillois, trop peu connu encore, mérite cependant une longue visite.

Il renferme de riches collections ornithologiques, des trouvailles gallo romaines et mérovingiennes, quelques souvenirs de Stanislas, Bébé et l'abbé Grégoire, un médaillier fort important, des taques armoriées, quelques spécimens de céramique et de broderie, les bustes de Charles X, par Valois, en marbre blanc (don du roi à notre ville), du duc Léopold, par Adam, en terre cuite, du maréchal de Beauvau, par Victor Huel.

On remarque aussi une statue, œuvre de Bailly, de Remenoville.

Dans la petite salle du fond, se trouve le tombeau de Bébé, le nain favori de Stanislas, sur cuivre doré, avec son portrait et une longue inscription latine, puis une vitrine où l'on attend toujours les produits des faïenceries de Lunéville, Pexonne, Saint-Clément et Badonviller, le buste de l'abbé Renard, une reproduction minuscule du carrosse du sacre de Charles X, des drapeaux et fanions de sociétés, etc.

La nouvelle galerie de peinture renferme une centaine de tableaux et gravures d'inégale valeur.

Ce sont tout d'abord des envois de l'Etat, une bonne toile de Renou (1757), des paysages charmants de nos concitoyens, Marquis, Renaudin et Petitjean, puis une collection de toiles officielles (les différents souverains français depuis Louis XV), le duc de Nemours, le

Départ des Mobiles de Lunéville et la *Bataille de Nompatelize,* par E. Gridel, de Baccarat.

Enfin, et c'est ce qui intéresse surtout les lotharingistes, on remarque deux curieuses vues du château et de la place des Carmes avant la Révolution, un gendarme rouge, des portraits de Léopold, Stanislas, Jeanne Chéron, Mme de Graffigny, Bébé, etc., etc.

Tous ces souvenirs de notre petit musée, de puissant intérêt local, peuvent retenir une bonne heure les profanes et les visiteurs les moins au courant des choses du passé.

L'histoire de Lunéville n'a pas encore été élucidée complètement.

En 1818 Guerrier a publié des *Annales* de Lunéville ; en 1828, Marchal a donné une petite *Histoire.*

Enfin, en 1899, M. Baumont a publié un volume illustré très compact : *Histoire de Lunéville,* résumé fort convenable, avec certaines parties d'avant la Révolution un peu trop écourtées.

Ce volume a été édité par M. Bastien. Avec les *Actes de l'état-civil de Lunéville,* par notre excellent ami, le lieutenant Ch. Denis, il constitue tout ce qui a été publié de plus important jusqu'à ce jour sur l'histoire de Lunéville, sans parler, bien entendu, des très remarquables ouvrages de M. Pierre Boyé sur le règne et l'époque de Stanislas.

Quai de l'Ile Saint-André.

Du quai des Petits-Bosquets au Moulin Désalme sur la Vezouse. 20 numéros.

L'île Saint-André est ce pâté de maisons comprises entre les ponts de la rue Chanzy ; elle est formée par les deux bras de la Vezouse, depuis la vanne du moulin Désalme jusqu'à l'extrémité de la rue Héré.

Cette île comprend les Petits-Bosquets, le parc à fourrage, le pavillon des Pages, l'intendance, la caserne Beauvau ou des Cadets, etc.

C'est le 3 novembre 1873 que le conseil municipal décida que le chemin allant du quai des Petits-Bosquets au moulin Désalme (fabrique actuelle de verres de montres), en longeant la Vezouse, depuis le magasin à fourrages jusqu'au dit moulin, porterait le nom de quai de l'Ile Saint-André.

Le pâté de maisons élevées primitivement dans cette île prenait le nom de faubourg Saint-André.

Saint André est un des douze apôtres du Christ, frère de saint Pierre et cousin de saint Jacques. Au Moyen-Age, les noms de certains apôtres étaient très populaires et on les donnait facilement à des rues ou des établissements publics.

Chemin du Jardin Mahu.

De la rue des Jardiniers, n° 5, au chemin du Pré aux Ours.

Ancien lieu-dit dans les vastes enclos des jardiniers de Viller, proche la Vezouse.

En 1769, ce lieu-dit était appelé Méhu ou Mahu.

On trouve à Lunéville, en 1794, un certain Méhu, qui était vice-président de la Société des Sans-Culottes.

Le chemin du Jardin Mahu n'est, depuis l'entrée de la rue des Jardiniers, que la prolongation directe de la rue de l'Abbé-Jérôme.

Il continue au-delà du chemin du Pré aux Ours, entre des murs de jardins, par le Chemin derrière les fours de Viller.

Rue des Jardiniers.

De la rue Sainte-Anne, n° 16, à la prairie de la Vezouse. 18 numéros.

Cette rue — simple chemin usager dans les potagers derrière Viller — se divise en deux parties : l'une, allant de la rue Sainte-Anne à la rue de l'Abbé-Jérôme, et la seconde, à quelques mètres plus loin, depuis l'entrée du chemin du Jardin Mahu jusqu'à la prairie.

La rue se prolonge entre les murs des enclos de jardinage, enclos où des maisons sont bâties ; elle va, calme et solitaire, jusqu'aux prés verts avoisinant la Vezouse.

Elle finit brusquement au bout des blancs murs, et le piéton n'a d'autre ressource que de traverser la prairie pour arriver au bord de l'eau.

A l'intérieur des enclos sont les beaux carreaux des

jardiniers de Lunéville, si renommés dans toute la région pour leur fertilité et leurs produits en légumes, primeurs et denrées de tout genre.

Rue Jeanne d'Arc.

De l'avenue Voltaire à la rue Louis-Ferry. Rue nouvelle. 3 maisons.

Le 4 juillet 1899, le conseil municipal a décidé que le nom de Jeanne d'Arc serait donné à la voie à ouvrir entre l'avenue Voltaire et devant aboutir au sud sur la rue Louis-Ferry, en traversant la place Victor-Hugo.

En l'honneur de notre glorieuse héroïne nationale, Jeanne d'Arc, la vierge lorraine, la Pucelle d'Orléans, née à Domremy, sur la Meuse, le 6 janvier 1412, brûlée vive à Rouen le 30 mai 1431, libératrice de la France.

L'histoire de Jeanne d'Arc est dans toutes les mémoires, depuis ses visions du Bois-Chesnu, jusqu'à ses voyages à Vaucouleurs, Toul, Nancy et Saint-Nicolas, afin d'obtenir sauvegarde et protection, jusqu'à sa marche triomphale de Chinon à Orléans, à Troyes et à Reims, jusqu'à Paris, Compiègne et Rouen.

Depuis trente ans surtout, Jeanne d'Arc est devenue la sainte du patriotisme français. Par la peinture, la sculpture, l'histoire, la poésie, on a popularisé cette admirable figure.

Sa maison de Domremy est devenue un sanctuaire national, et la plupart de nos cités lorraines, de nos grandes villes de France lui ont érigé des statues.

Il était juste que Lunéville inscrivît ce nom si glorieux dans son hodographie locale.

Sur Jeanne d'Arc, il y a des milliers d'ouvrages publiés. Mon excellent ami, M. Pierre Lanéry d'Arc, a fait paraître il y a quelques années, un énorme volume in-4°, renfermant la bibliographie raisonnée de tous ces ouvrages : *Le Livre d'Or de Jeanne d'Arc.*

Les meilleurs historiens de Jeanne d'Arc sont : Michelet, Joseph Fabre, Siméon Luce, Marius Sepet, Wallon (grande vie illustrée), de Braux (famille de la Pucelle), etc.

L'ouvrage de M. Lanéry d'Arc ne renferme pas

moins de 2.500 numéros, et depuis sa publication en 1894, un grand nombre de volumes ont paru en librairie sur cet inépuisable sujet.

En 1890, j'ai publié un volume illustré : *Jeanne d'Arc à Nancy*, à l'occasion de l'inauguration de la statue équestre de la Bonne Lorraine.

Récemment, on a beaucoup bataillé sur la question de savoir si Jeanne d'Arc était lorraine ou champenoise. Lire à ce sujet les travaux curieux de MM. Misset, Lepage, Mourot, Badel, Germain, Chapelier, Duvernoy, Mgr Turinaz, abbé Lhôte, Poinsignon, Renard, Géhet, etc.

Rue de Jolivet.

De la place des Carmes au chemin de la Croix de Mission et à la route de Jolivet-Hénaménil. 26 numéros.

Autrefois appelée rue du Four, petite rue des Carmes, chemin des Carmes, chemin de la Belle-Croix, chemin de la Croix de Mission, avenue du château de Jolivet.

Cette petite rue qui longeait l'église et les dépendances du couvent des Carmes, allait jadis jusqu'au pont Vert sur la Vezouse. De ce pont Vert, un nouveau chemin se détachait en ligne droite, aboutissant à la croix de mission, érigée par le roi Stanislas le 1er juin 1742, à la suite d'une mission prêchée à Lunéville par les Jésuites.

Cette croix de mission fut supprimée à la Révolution et rétablie en 1804, puis en 1898, le jour du Vendredi-Saint, à la suite d'une nouvelle mission.

En 1825, une croix de mission avait été érigée au centre de la place Léopold ; à la révolution de 1830, elle fut abattue et transportée dans une cour de l'hôpital, à l'emplacement du vieux cimetière.

C'est cette croix qui existe encore et qui a été restaurée en 1866.

Au n° 26 de la rue Banaudon, il y avait une maison qu'on appelait la maison du Grand Bon Dieu, parce que le propriétaire avait fait placer sur la façade un énorme christ en bois, plus grand que nature ; ce christ est devenu la croix de mission du village de Vitrimont.

*
* *

Cette rue a pris le nom du village de Jolivet, jadis

Huviller, où le roi Stanislas avait bâti une gracieuse résidence champêtre, démolie en 1806.

La terre de Jolivet avait autrefois appartenu aux Bayer de Boppart (XVᵉ siècle), puis aux sires de Gombervaux ; l'église (fort bien restaurée et agrandie il y a quelques années) fut érigée en cure indépendante en 1772, par Mgr Claude Drouas de Boussey, l'avant-dernier évêque de Toul. Auparavant c'était une annexe de la cure de Lunéville.

Le château de Jolivet a longtemps été possédé par la famille de Lambertye ; il passa ensuite au roi de Pologne, puis à son gendre Louis XV, enfin à MM. de O'Eguerty et de Coislin.

Sous Napoléon Iᵉʳ, il faisait partie d'une sénatorerie.

De Jolivet, dépendent les censes de Champel et de Froidefontaine. On sait que c'est à Champel que naquit, le 10 janvier 1610, le célèbre Erard Bile, jésuite et mathématicien, très loué par Pascal, et qui mourut sur mer, en naufrage, allant à l'Amérique.

La Bibliothèque de Nancy possède un plan de Jolivet, une vue du château et deux vues de sa vieille église.

Dans la rue de Jolivet, il y a une petite ruelle, dite ruelle derrière les Carmes.

Ruelle du Cimetière des Juifs.

De la rue de Méhon à la bifurcation des deux routes d'Einville. 2 numéros.

Ainsi appelée du voisinage du cimetière des Juifs, établi le 11 novembre 1791, par ordonnance du conseil général de la commune de Lunéville.

Il était dit dans cette ordonnance que les Juifs habitant Lunéville pourraient désormais se faire enterrer dans un enclos sis au bas des vignes, à gauche du chemin d'Einville.

Auparavant, les Juifs de Nancy et de toute la Lorraine n'avaient pas de cimetière spécial et ils étaient obligés d'aller se faire inhumer à Metz. En 1787, ceux de Nancy et de Lunéville avaient demandé une autorisation qui leur fut refusée.

Le cimetière actuel des Juifs, qui a donc 110 ans d'existence, appartient à la communauté et non à la ville.

Il est presque entièrement rempli de monuments très simples, affectant pour la plupart la forme de hautes bornes, avec inscriptions en français et en hébreu.

Cependant, depuis quelques années, on remarque un certain luxe dans les tombes ; il y en a en marbre, en granit bouchardé et poli. Nous avons même remarqué trois pyramides en granit noir poli de Belgique, de très bel effet.

A signaler les tombeaux des familles Lévy, Kosel, Lévylier, Spire, du commandant Brisac, de Prosper Trenel, l'imprimeur lotharingiste de St-Nicolas, etc.

Autrefois, le cimetière israëlite était rempli de hauts sapins, dont l'éternelle verdure donnait une note particulière à ce coin de Lunéville. Il est très regrettable qu'on les ait supprimés.

L'entrée principale du cimetière est dans la rue de Méhon, et l'entrée du concierge, Mme Salomon, ruelle du Cimetière des Juifs.

Place Léopold.

De la rue des Capucins à la rue Carnot, entre les rues Banaudon et Gambetta. 18 maisons.

Anciennement place Neuve, place des Halles, place du Peuple en 1793.

Nommée à juste titre vers 1850 *place Léopold*, en l'honneur du dernier duc héréditaire de Lorraine, le grand bienfaiteur de Lunéville, Léopold, duc de Lorraine et de Bar, fils aîné de l'immortel héros Charles V et père de François III devenu empereur d'Allemagne, époux de Marie-Thérèse, tige de la Maison impériale de Lorraine-Habsbourg, qui règne encore aujourd'hui sur l'Autriche-Hongrie.

Léopold naquit à Insprück, le 11 septembre 1679 ; il fut duc de Lorraine de 1697 à 1729 ; il a habité Lunéville de 1702 à 1729, y a fait construire le château actuel et embellir la ville. Il mourut à Lunéville le 27 mars 1729 et fut inhumé en l'église des Cordeliers de Nancy, auprès de ses ancêtres.

Léopold avait fait de Lunéville son séjour favori et comme la nouvelle capitale de ses Etats. Son règne, malgré des dépenses considérables, des fondations de tout genre, et la légèreté des mœurs de la noblesse, reste un des plus glorieux de l'histoire de notre Lorraine.

Ce souverain était l'idole de son peuple et des Lunévillois, et la plupart des historiens lui ont rendu pleine et entière justice.

Sa mémoire est restée en honneur dans toute la Lorraine ; on lui a érigé un superbe tombeau aux Cordeliers, diverses statues à Nancy ; les sculpteurs ont laissé de lui des bustes admirables, et notre Musée garde précieusement un chef-d'œuvre d'Adam.

L'histoire de Léopold est de plus en plus connue dans les moindres détails ; on n'a même pas oublié les faiblesses de sa vie privée, et parmi les écrivains qu'on lira avec plaisir, citons : Foucault : *Histoire de Léopold. 1791 ;* Charton : *La Lorraine sous Léopold ;* Alliot : *Obsèques de Léopold,* 398 pages, 1730 ; cardinal Mathieu : *L'ancien régime en Lorraine,* 1879 ; Baumont : *Etudes sur le règne de Léopold ;* abbé Martin : *Histoire des diocèses de Nancy et de Toul,* tome II, 1901, et les autres historiens lorrains de cette époque.

Voir aussi Ch. Denis : *Etat-civil de Lunéville,* 21 citations, dont l'acte de décès, signé Verlet, curé.

La mémoire de Léopold est toujours conservée à Vienne, où son nom est souvent donné aux archiducs de la famille impériale.

Il serait fort désirable qu'une statue ou du moins un buste de Léopold rappelât à Lunéville le souvenir de ce généreux souverain.

Sous le second Empire, M. Parmentier, alors maire, avait pris l'initiative de faire élever au milieu de la place Léopold une fontaine monumentale, surmontée de la statue de notre duc. Ce projet fut abandonné.

Du moins on pourrait placer au centre de la colonne qui surmonte la fontaine du château une reproduction du buste de Léopold, conservé à notre Musée ; c'est une dépense d'environ 500 francs.

*
* *

C'est en l'année 1728 que le duc Léopold résolut d'agrandir Lunéville du côté de Ménil, par la création de la place Neuve, dont il fit tracer le plan, et par l'ouverture des rues Banaudon, de l'Orangerie, de Ménil, de l'Hôpital et de Sainte-Elisabeth.

Il promit des avantages assez importants aux propriétaires qui voudraient bâtir dans un délai de trois ans : exemption de logements militaires, de corvées, etc.

Aussi la place Neuve fut-elle bientôt entourée de belles et solides maisons et devînt-elle rapidement le plus beau quartier de Lunéville.

C'est là que se tint alors la grande foire d'été et les petites foires fondées en 1510 par le duc Antoine, de la Saint-Georges, Saint-Pierre, Division des Apôtres et Saint-Remy, fête patronale de la cité.

Cette place fut ornée de balustres et parapets, plantée de plusieurs rangée d'arbres qu'on a malheureusement détruits.

Au centre, on vit tour à tour une fontaine monumentale surmontée d'un Neptune, construite par Stanislas en 1775 et qui coûta 150.000 livres. Cette fontaine fut stupidement démolie en 1791, sous prétexte qu'elle ne donnait plus assez d'eau.

Plus tard, en 1825, on y planta une croix de mission qui fut enlevée le 12 septembre 1830 ; puis en 1848, l'arbre de la liberté, planté par M. Viox, le 9 avril et bénit par le curé Renard et le rabbin Klotz.

*
* *

On remarque sur la place Léopold le bâtiment dit des Halles, construit en 1859, par l'architecte émérite Cuny, et qui sert aux solennités de la ville. Comme les étrangers le croient communément, ce bâtiment n'est affecté ni au collège voisin, ni à aucun marché.

Il a remplacé les anciennes halles aux blés, construites en 1792 et qui avaient été agrandies en 1817 lors du prolongement de la rue Banaudon jusqu'à la rue des Bosquets, à travers les jardins de l'hôtel Spada et l'ancienne fourrière du roi Stanislas.

Au premier étage des Halles, on remarque le grand salon de danse et de réunions publiques et les petits salons adjacents. Dans l'un d'eux se trouvent les portraits de MM. Rivolet et Germain Charier, bienfaiteurs de la ville, ainsi que ceux de plusieurs maires de Lunéville.

On y admire aussi deux toiles de Gridel : *Harde de cerfs surprise par la neige* et *Le faucheur*.

À côté des Halles, se trouve l'entrée du collège pour l'administration de l'établissement.

Rue Level.

De la rue Girardet à la rue de l'Abbé-Renard. 2 maisons.

Ainsi nommée en l'honneur de Dominique Level, né à Lunéville en 1750, cavalier de la maréchaussée en 1769, parti pour le Havre comme chef de cohorte de la garde nationale, vers les débuts de la Révolution, mort au Havre en 1810, dans sa maison de la jetée du Sud.

Level se signala au Havre par de nombreux sauvetages, qui rendirent son nom très populaire en cette ville.

Le 7 juin 1887, le conseil municipal, après avoir lu dans un journal parisien la biographie de Level, qu'on ignorait complètement à Lunéville, décida que « pour perpétuer le souvenir d'un de ses concitoyens qui s'est dévoué pendant une grande partie de sa vie à arracher aux flots les malheureux navigateurs qui se trouvaient en danger, la rue récemment ouverte entre la rue Girardet et la rue des Grands-Moulins serait dénommée rue Level ».

Rue de Lorraine.

De la rue Traversière à la rue des Bosquets. 76 numéros.

Anciennement faubourg d'Allemagne, rue de la Porte d'Allemagne, ancien chemin de Strasbourg, rue d'Allemagne, rue de la Trinité, rue Franklin et rue Marat en 1793 ; en 1830, rue d'Allemagne.

Une partie de cette rue, entre la rue des Capucins et la rue de l'Orangerie, porta aussi le nom de rue de Craon, à cause de l'hôtel des princes de Beauvau-Craon (aujourd'hui maison Keller).

Plusieurs officiers supérieurs de la garnison de Lunéville désireraient voir donner à ce tronçon de la rue de Lorraine le nom de *rue de la Paix de 1801.*

Cette ancienne et longue rue de Lunéville qui porta successivement tant de vocables et qu'on divisait autrefois en deux parties bien distinctes, a reçu il y a une cinquantaine d'années le nom officiel de *rue de Lorraine*, en l'honneur de l'ancien duché indépendant de Lotharingie ou Lorraine, dont Lunéville fut (depuis 1167, époque de sa réunion sous Mathieu Ier) l'un des plus beaux et des plus nobles fleurons.

Le nom de Lotharingie ou royaume de Lothaire, a désigné de bonne heure la partie nord des Etats de Lothaire, c'est-à-dire la vaste contrée située au nord du royaume de Bourgogne, bornée par l'Escaut, la Meuse, les Vosges et le Rhin.

L'histoire de la nation lorraine se confond avec celle, si glorieuse, de ses vaillants souverains, les illustres ducs qui se succédèrent depuis Gérard d'Alsace jusqu'à Léopold et François III, et dont les plus connus furent les Mathieu et les Ferri, les Raoul et les Simon, les René d'Anjou et les René II, les Antoine et les Charles III, les Henri II, les Charles IV et les Charles V.

Les principaux historiens généraux de notre Lorraine sont : Dom Calmet, avec sa magistrale et colossale *Histoire* en sept volumes *in-folio* ; l'abbé Bexon, Durival, Champier, Chevrier, Augustin Digot, au XIXe siècle, avec Bégin, le comte d'Haussonville, Leupol, Mourin avec ses charmants *Récits lorrains,* et plus récemment MM. Robert Parisot, Pierre Boyé, C. Pfister, Eugène Martin, Baumont, Cte de Ludre, Ravold, Henrion, Noël, Lepage, les *Mémoires* de l'Académie de Stanislas et de la Société d'archéologie pour certaines parties de cette longue et admirable histoire d'un peuple indépendant, placé en sentinelle entre la France et l'Empire germanique, et finalement se donnant à la première avec amour et confiance (février 1766).

*
* *

L'histoire de toutes les maisons de la rue de Lorraine demanderait un volume. Il nous faudrait rappeler le souvenir de toutes les illustrations qui vécurent dans ces hôtels et ces vieilles maisons, comme le fameux et spirituel Panpan Devaux, lecteur du roi Stanislas,

au numéro 23, qui avait établi chez lui un salon littéraire. très célèbre, comme l'hôtellerie du Pigeon d'Or,
l'hôtel du prince de Beauvau, où naquirent la plupart
des enfants de la belle princesse de Craon, notamment
le 10 novembre 1720, le futur maréchal de France,
Charles-Juste de Beauvau.

Nous ne pouvons entreprendre ici un pareil travail
qui nous conduirait trop loin.

Signalons simplement, au courant des numéros, les
particularités intéressantes de cette vieille rue de Lorraine.

Au nᵒ 6, où se trouvaient depuis 1871 les bureaux de
l'*Eclaireur*, était jadis l'hôtellerie du Pigeon d'Or. On
y remarque encore de belles peintures au-dessus des
cheminées et une superbe rampe d'escalier en fer forgé
avec initiales entrelacées. En 1901, l'*Eclaireur* et
l'*Imprimerie Nouvelle* se sont transportés Grande-
Rue, nᵒ 11.

Le numéro 12 est une très vieille maison, d'aspect
fort pittoresque, avec sa porte aux curieuses ferrures,
ses poutrelles, ses galeries à jour sur la cour, et son
puits légendaire que les gens du lieu affirment plein de
revenants.

La façade mérite attention avec ses lucarnes, sa
belle porte, et les trois anges du moyen-âge, en pierre
de taille, grossièrement peints, et tenant un phylactère
sur lequel on avait écrit : *Domine, salvum fac regem...*
Depuis 1870, on a biffé *regem* et imprimé *républicam*
(*sic*).

Le numéro 15, maison Delorme, avec ses trois
étages superposés, ses riches sculptures encadrant et
surmontant toutes les fenêtres, les rocailles qui embel-
lissent toute la façade en grès rose, est assurément la
plus belle maison de Lunéville.

Située sur une place ou au fond de la rue de Lorraine, au numéro 35, elle produirait un effet splendide.

C'est une profusion de fleurs et de feuilles, avec un
superbe pilastre d'angle, où courent, enguirlandés, des
tonnelets et des ballots de marchandises.

Au-dessus, deux petits paysages (genre Albert Dürer)
finement fouillés, avec églises, palais, animaux, verdures, etc.

L'escalier de cette maison est une merveille avec ses révolutions successives jusqu'aux combles où des mansardes étonnent par le luxe des décorations.

On dit que cette maison, et celle du même style dans la rue Demangeot, ont été construites à l'époque du château.

Il est certain qu'elles sont toutes deux de très belle allure et de fort élégante composition.

Le n° 18 a une belle porte avec tête sculptée à la clé.

Au n° 31, en retour, riche porte d'entrée, d'aspect monumental, avec une niche vide.

L'escalier en pierre, avec sculptures et paliers très osés, est un des plus beaux de Lunéville.

La façade du n° 39 est ornée d'une niche où trône un vieux saint en bois colorié, tenant un bourdon d'une main, de l'autre, un livre, la tunique traversée par une cordelette qui retient un hàvresac.

Ce personnage peut être saint Jacques; il a une expression très naïve, et on pense qu'il provient de l'ancienne église Saint-Jacques.

Les n°s 50, 54 et 60, sont de beaux et anciens hôtels, avec façades monumentales, ornées de portes cochères sculptées.

Le n° 59 est un charmant petit hôtel, sur la porte duquel on peut encore lire ces mots, gravés dans un écusson : *Notaire royal.*

Le n° 61 et ses dépendances immédiates (maison Keller et jardins) a été construit sur l'emplacement de l'ancien hôtel du prince Marc de Beauvau-Craon, vice-roi de Toscane, inhumé dans l'église de Haroué.

C'est une maison grandiose, avec sculptures très riches à la porte cochère, balustres au premier étage, vastes appartements. Sur le marteau en fer forgé on lit cette date : 1781.

Le traité de Lunéville a été signé le 9 février 1801, à 5 heures 1/2 du soir, dans le grand salon du 1er étage de cette maison, qui appartenait alors à M. Lejeune, sous-préfet.

Voici les deux textes d'inscription commémorative qu'on a proposés pour rappeler ce grand fait historiques aux générations futures :

Dans cet hôtel, jadis de Beauvau-Craon,
le 9 février 1801, à 5 heures 1/2 du soir,
Joseph Bonaparte, au nom de la France,
le comte de Cobentzel, au nom de l'Autriche,
ont signé le célèbre Traité de Lunéville
qui confirmait à la France la rive gauche du Rhin.

Dans cette maison fut signée
la Paix de Lunéville
(9 février 1801)
qui confirmait à la France
la rive gauche du Rhin.

—

Plénipotentiaires :
Joseph Bonaparte, au nom de la
République française,
le comte de Cobentzel, au nom de
l'empereur d'Allemagne,
roi de Hongrie et de Bohême.

La rue de Lorraine se termine à l'entrée principale des Bosquets, accostée d'une fontaine monumentale en pierre de taille.

Rue Louis Ferry.

De l'avenue des Vosges à la rue François Parmentier. 25 numéros.

Nouvelle percée dans le quartier du Dahomey, ainsi nommée le 4 juillet 1899 : « le chemin longeant la propriété de l'abbé Moreau, depuis l'avenue des Vosges jusqu'au chemin de ronde des casernes sera la rue Louis Ferry. »

En l'honneur de M. Louis Ferry, ancien maire et bienfaiteur de Lunéville, né en 1835, fabricant de broderie, capitaine au corps franc des Vosges en 1870, chevalier de la Légion d'honneur, maire de 1884 à 1888, mort le 8 décembre 1888.

Dans cette rue, au n° 2, se trouve l'ancienne propriété de l'abbé Moreau, ou Charlevue, qui fut appelée longtemps la Folie-Moreau et où se tinrent au début du XIX° siècle les assemblées des francs-maçons de Lunéville, s'occupant simplement de philanthropie et de philosophie naturelle.

Chemin de la Maison du Diable.

De la route de Lunéville à Nancy, n⁰ˢ 105 et 107, aux chemins de Saint-Léopold et de la Faisanderie. 3 maisons.

Ce vocable antique a une origine mystérieuse et légendaire. Les uns prétendent que là fut établie la première loge maçonnique où le diable apparaissait aux initiés (*sic*) ; les autres qu'il y eut dans la maison du diable des drames restés inexpliqués ; d'autres affirment que le nom de maison du diable a simplement été donné à l'immeuble portant le n⁰ 107 parce qu'il était peint en rouge.

Cette maison du diable n'a rien d'infernal aujourd'hui ; elle est plutôt triste avec ses deux œils de bœuf, son jardin mélancolique, ses lierres touffus.

Dans un angle, une petite pierre porte cette inscription : « *Cette pierre a été posée par Joseph Marin, le 6 may 1829.* »

Tout le monde à Lunéville connaît cette inscription, comme on connaît la Maison du Diable ; mais bien peu de personnes l'ont lue, puisque la plupart de nos concitoyens assurent qu'elle est en latin et qu'on y voit la signature du diable.

Un peu plus loin, on aperçoit le ruisseau de Hainville qui descend à la Vezouse ; on le traverse sur un pont et l'on retrouve les vieilles bornes aux trois croissants marquant, dans les champs, la fin du territoire de Lunéville.

Place et rue des Maisonnettes.

De la rue de Viller, n⁰ 110, à la rue Sainte-Anne. 53 numéros.

C'est un ancien lieu-dit au faubourg de Viller, dont le nom s'explique suffisamment par les petites maisons ou logettes établies dans les vastes enclos de jardinage. Ce chemin d'exploitation rurale a reçu, le 3 novembre 1873, par décision du conseil municipal, le nom peu compromettant de rue des Maisonnettes.

Voici le texte de cette délibération :

« Le chemin allant de la rue de Viller à la rue Sainte-Anne, depuis la maison Evrat jusqu'à la maison

Bondidier, prendra le nom de rue des Maisonnettes. »

Ces maisonnettes ou *maisoncelles* de Lunéville font souvenir de ce vieux quatrain :

> Une povre femme manait
> En la ville, ki maintenait
> Une povre maisoncelète
> Estroite et basse et petitète.

Rue du Manège.

De la rue du faubourg de Nancy au chemin de la Dubesset. 7 numéros.

Autrefois rue du Quartier.

Le manège de Lunéville, dit Murat, qui a donné son nom à cette rue montant aux vignes, est un des plus vastes et des plus beaux de toute la France. Il fut construit de 1783 à 1787 pour la petite gendarmerie, par André et Pierson, sur les dessins de l'ingénieur Lecreulx.

On sait le rôle important joué à Lunéville par les gendarmes rouges, venus en 1766, sous le nom de gendarmerie de la reine. Il y avait 10 compagnies, sous les ordres du marquis de Castries et du marquis d'Autichamps ; les simples gendarmes avaient rang d'officiers.

Lire à ce sujet : A. Benoît : *La première garnison française à Lunéville* et *Les gendarmes rouges à Lunéville*.

Le 3 novembre 1873, le conseil municipal décida que la deuxième partie de la rue de la Dubesset, depuis la maison Villaume jusqu'à son extrémité, porterait le nom de rue du Manège.

Rue de Méhon.

De la rue du faubourg d'Einville, nº 3, à la ferme et au côteau de Méhon. La rue cesse au delà du cimetière des Juifs et prend le nom de chemin de Méhon. 12 numéros.

Autrefois appelé chemin creux venant de Méhon à Lunéville.

En souvenir d'un ancien fief érigé en juin 1598 par le duc de Lorraine Charles III, en faveur de la famille de Claude de Malvoisin. Il y avait dans cette maison des champs une chapelle où l'on disait la messe le dimanche depuis 1650.

Méhon est aujourd'hui une ferme à 1 kilomètre de Lunéville. En 1645, un de mes ancêtres maternels, Nicolas Lacour, de Maixe, était fermier de Méhon.

Au moyen-âge, le mot Méhon, Méon, signifiait une sorte de plantes ombellifères.

Il y a à la Bibliothèque de Nancy un plan de la ferme de Méhon et des environs.

Chemin du Meix Gallois.

A 400 mètres de la route de Saint-Dié

Simple chemin d'exploitation, qui conduit au lieudit Meix Gallois ou Jardin Gallois.

Dans l'ancien langage français, le mot *meix, mes, mez, meis, mex, maix, miex, mietz, mas*, signifiait maison de campagne, ferme, propriété rurale, jardin, clos, étendue de terre labourable, clos de vigne, etc.

Dans les Vosges, on dit encore un *meix, maix, moué, moua*.

L'Inventaire de l'Etat-Civil de Lunéville, publié par le lieutenant Ch. Denis, signale plusieurs membres de la famille Gallois résidant à Lunéville :

Barthélemy, Thérèse, François, Marguerite, Nicolas, Barbe et François-Paul.

Chemin du Meix Happa.

Ancien lieudit aux Happas, situé entre Charlevue et l'avenue d'Alsace, dans le quartier actuel dit du Dahomey, rues Jeanne d'Arc et Victor-Hugo.

Chemin de la Ménagerie.

Du Champ de Mars et du quai des Petits-Bosquets, vers le chemin de Chanteheux, par l'ancien chemin du tir.

En souvenir de la ménagerie ducale.

Ancien écart de Lunéville, devenu la maison de campagne du duc Ossolinsky, grand-maître de la maison du roi Stanislas.

La ménagerie portait autrefois le nom de Mussey. Elle fut érigée en fief le 14 décembre 1705, pour J. B. Alliot. Ce fief comprenait la tour des Allemands et les terrains voisins, où l'on établit au XIXe siècle des lavoirs et une sucrerie.

La Ménagerie est encore aujourd'hui une fort belle propriété, avec un parc magnifique allant jusqu'à la Vezouse. On y remarque des vases sculptés et un ensemble considérable de bâtiments à usage de ferme.

Un peu plus loin, se trouve le monument commémoratif de Gigant, tué par les Prussiens au Champ de Mars.

Faubourg de Ménil.

De la rue des Chenus à la rue Boffrand.

Ménil, qui reste le faubourg agricole de Lunéville, entre la Meurthe et le chemin de fer, était jadis un hameau isolé, connu déjà au XIIIe siècle, et réuni plus tard à la ville de Lunéville. Il y avait alors une chapelle desservie par le clergé de l'abbaye de Saint-Remy.

Ce fut en 1737 que les Bénédictins, descendus du Léomont, s'installèrent à Ménil et acquirent le splendide domaine devenu le pensionnat des religieuses de Notre-Dame.

Ménil a conservé en partie son cachet rustique et le pittoresque de sa situation agricole. C'est, en été, un coin exquis de Lunéville, avec les immenses potagers et les bords de la Meurthe coulant, rapide, vers l'île des Grands-Moulins.

On peut dire que le faubourg de Ménil est circonscrit tout entier par la Meurthe, la voie ferrée et le chemin de Lunéville à Moncel.

Le mot *ménil*, très commun comme nom de lieu en Lorraine, avec celui de *viller* et de *court*, vient de *maneo*, demeurer, d'où on a fait *mansile, ménil,* demeure ou manoir.

On disait jadis *mesnil, maisni, mani.*

> N'y a meson, ne borde, ne *mesnil,*
> Trestot le regne ont torné à essil.

Le *ménil* était la maison accompagnée d'un champ, et la *mesnie* était la suite des domestiques ou le ménage, parfois la maison abritant le ménage.

En certains cas, au moyen-âge, on allait encore plus loin, et la mesnie ou meignie signifiait toute la famille résidant sous le même toit :

> Ce bon père, ce bon vieillard,
> Voyant trop grièvement chargée
> Sa maison de trop de *mesnie*
> Mist sa fille en religion,
> Pour y faire profession.

A Lunéville, en 1318, le duc Ferry donna à l'abbaye de Saint-Remy, le cours de la rivière de Meurthe pour faire moudre le moulin de Ménil.

Lire sur Ménil : Dom Calmet : *Notice de Lorraine,* Lepage : *Communes de la Meurthe* et *Statistique.*

Rue de Ménil.

De la rue des Bénédictins (pont du chemin de fer), au faubourg de Ménil. 27 numéros.

Cette grande voie commençait jadis au carrefour des rues de Viller, Girardet, Banaudon et Grande-Rue.

C'était, en somme, au moyen-âge, la route conduisant de la ville forte de Lunéville au hameau de Ménil.

La première partie jusqu'au chemin de fer reçut le nom de rue Girardet, et la seconde partie, le nom de rue de Ménil.

Sentier de Ménil.

De la rue des Bénédictins à la rue de Ménil.

Ce sentier longe les murs de l'immense propriété des sœurs de Notre-Dame à Ménil ; il est bordé par un petit ruisseau avec des saules.

Il aboutit à un petit carrefour au tournant de la rue de Ménil.

Chemin de Ménil à Blâmont.

Simple chemin d'exploitation, bordé d'arbres, allant entre les vastes potagers de la rue Boffrand au carrefour du Vieux Chemin de Moncel.

Il est prolongé par le chemin de Charles-Vue à Ménil qui aboutit à l'avenue des Vosges.

Chemin de Ménil à Moncel.

Du faubourg de Ménil au chemin de Lunéville à Moncel, en longeant la Meurthe et le canal d'amenée des eaux aux turbines de la ville.

Chemin de Ménil à Viller.

De la rue des Chenus (pont du chemin de fer), à l'ancien hameau de Ménil et au chemin de Ménil à Blàmont. 59 numéros.

Le numérotage de cette longue voie au pays du jardinage lunévillois, englobe tout le faubourg de Ménil, à partir des chemins de Ménil à Moncel et de Ménil à Blàmont, pour se terminer au pont du chemin de fer, près des rues Saint-Maur et des Grands Moulins.

Le 3 novembre 1873, le conseil municipal décida que le chemin de Viller à Ménil (ou Ménil à Viller), depuis le pont du chemin de fer et Ménil, jusqu'au chemin vicinal n° 6 de Ménil à la route de Saint-Dié, prendrait désormais le nom de : *Faubourg de Ménil.*

Au numéro 19, dans les maisons en recul qui restent de l'ancien hameau de Ménil, on remarque sur une porte, un écusson avec cette date gravée : 1366.

Rue de Metz.

De la Grande-Rue à la place Notre-Dame. 10 numéros.

Anciennement : rue de la Ville de Metz ; en 1793, rue Simoneau.

Cette étroite rue du vieux Lunéville, tout en nous rappelant le souvenir de la chère cité de Metz, nous remémore également les anciens comtes de Metz, seigneurs primitifs de Lunéville et comtes catholiques des Francs.

Ces premiers comtes de Lunéville, dont cinq portèrent le nom de Folmar, furent successeurs de saint Etienne, comte de Lunéville et comte de Metz, puis évêque de Toul.

Ce seigneur, oncle de Folmar le Vieux, succéda à Toul à saint Gérard en 994 ; il fut sacré à Mettlach le 24 juin 994 et mourut le 12 mars 996 ; il fut inhumé à Moyenmoutier et les ménologes lui ont donné le titre de saint.

Il ne faut pas confondre — comme on le fait souvent — ce saint Étienne de Lunéville avec saint Etienne X, 158e pape, fils de Gothelon, duc de Basse-Lorraine, élu pape le 2 août 1057, mort à Florence le 29 mars 1058.

On le voit, Metz et Lunéville ont des liens communs qui remontent fort haut.

A l'angle de la rue de Metz et de la Grande-Rue, il y a une ancienne maison, de fort belle apparence. Au n° 2, date de 1746.

Au moyen-âge, le mot *metz*, signifiait une borne et encore un plat, un *mets*, témoin cette coutume : « Le jour des noces, le marié accompagné d'un violon ou d'une viole d'amour, devait apporter au seigneur le *metz* du mariage, composé de deux poulets, deux pots de vin, deux pains, une épaule de mouton, faire une danse, puis se retirer. »

Lire sur les origines de Lunéville : Dom Calmet, Durival, Lepage, Marchal, Guerrier, Baumont, abbé Martin, tome I de ses Evêques de Toul.

Rue de la Meurthe.

De la rue Saint-Maur à la rivière de Meurthe, en aval de l'île des Moulins. 4 maisons.

La Meurthe qui borde le territoire de Lunéville est, avec la Moselle, le principal cours d'eau de notre région. Tandis que la Moselle ne fait qu'effleurer notre arrondissement au canton de Bayon, la Meurthe, dont le cours est de 165 kilomètres, descend du Hohneck et du grand Valtin, passe à Saint-Dié et Raonl'Etape, entre dans notre département à Thiaville, à 284 mètres d'altitude et arrose successivement La Chapelle, Bertrichamps, Deneuvre, Baccarat, Glonville, Azerailles, Flin, Vathiménil, Chenevières, Saint-Clément, Moncel, *Lunéville*, Rehainviller, Mont, Blainville, Damelevières, Rosières, Saint-Nicolas, Varangéville, Art-sur-Meurthe, Bosserville, Laneuveville, Jarville, Tomblaine, Nancy, Malzéville, Champigneulles, Bouxières. Elle rejoint la Moselle à la Gueule d'Enfer, en aval de Frouard.

Ses affluents sont : la Plaine (24 kil), le Rabodeau, la Fave, la Vezouse (84 kil.), l'Agne ou Mortagne (70 kil.), le Sànon (54 kil.), l'Amezule (20 kil.), le Petit Rhône, la Rouenne ou Pissotte (13 kil.), etc.

*
* *

Voici en quels termes Onésime Reclus, dans son splendide ouvrage : *Le plus beau royaume sous le ciel*, parle de notre rivière lorraine :

« La *Meurthe*, belle rivière, commence par les granits, les gneiss, le permien, puis se poursuit entre grès vosgiens, entre trias et lias. Etant fille des Vosges, c'est longtemps la compagne des hauts sapins aromatiques.

Grande Meurthe ou Meurthe du Valtin, Petite Meurthe ou Meurthe de Clefcy, Fave dont le confluent précède peu Saint-Dié, Rabodeau et Plaine, tels sont les torrents qui concourent à la Meurthe supérieure ; tous se ressemblent par la serpentaison dans les roches, l'ombrage de la sapinière, la turbulence du flot que des scieries déchirent, que l'industrie déshonore par ses rebuts, ses puanteurs, ses chimies abhorrées du poisson qui ne reconnait plus ses palais d'antan sous la roche, car ils étaient discrètement éclairés à travers l'onde, et voici qu'ils sont obscurs dans une eau lourde et métallique.

La Meurthe moyenne, qui est celle de Baccarat la verrière, et de Lunéville la guerrière, reçoit la Vezouse et la Mortagne. La Meurthe inférieure baigne la vieille capitale de la Lorraine, la ville aujourd'hui très grandissante qui hérite d'une bonne part de nos industries d'Alsace.

Large moyennement de 80 mètres, la Meurthe confie à la Moselle, qui a cent mètres d'ampleur ordinaire, le tribut de 291,000 hectares, la Moselle en ayant déjà draîné 365,000 ; ce tribut va d'un étiage de 5 mètres cubes à des crues de 600, avec volume ordinaire de 20, contre les 30 environ de la Moselle ; elle a voyagé pendant 165 kilomètres et le cours d'eau rival pendant 200. »

*
* *

Sur la vallée de la Meurthe, lire les différents *Guides* dans les Vosges, le superbe ouvrage illustré : du *Donon au Ballon d'Alsace*, la *Lorraine Illustrée*, par Edgar Auguin, etc.

La Meurthe est flottable sur 115 kilomètres, depuis le confluent de la Fave jusqu'au pont de Malzéville, et navigable depuis Nancy jusqu'à son embouchure.

Le mot Meurthe, Murtha, veut dire meurtrière. On disait jadis : Murtha, flumen Murtœ, Murt, fluvius Mort, fluvius Mortus, fluvius Mortuus, aqua Murth, fluvius Mortensis, Murtis, Morta, la rivière de Muert,

Murt, Mur, Meurt, Meudz, Meux, Mœurthe, Murthe, Meurth, enfin Meurthe.

Le 20 mars 1620, le duc Henri II permit au sieur des Salles, gentilhomme de sa Chambre, de rendre la rivière de Meurthe navigable, depuis l'orée du bois de Mondon jusqu'à Saint-Nicolas de Port.

Il est probable que ce projet ne fut pas réalisé, à cause des guerres qui désolèrent la Lorraine à partir de 1630.

Précédemment, en 1618, un nommé Bernard Huel, marchand de bois, demeurant à Raon, avait été chargé de construire des moulins près de Nancy et de rendre la Meurthe navigable.

Rue de Moncel.

De la rue d'Alsace (prolongement de la rue des Bosquets) à l'ancien passage à niveau du chemin de fer. 22 numéros.

Anciennement rue Saint-Gorgon, Vieux chemin de Moncel.

Ancienne voie menant au village de Moncel, à 4 kilomètres de Lunéville, célèbre par son abbaye de Beaupré, fondée en 1131 par Folmar IV, et confirmée en 1159 par Mathieu I de Lorraine.

Beaupré devint le lieu de sépulture des premiers ducs de Lorraine ; son église du XIIe siècle, réparée en 1715, fut démolie après la Révolution.

Le dernier abbé de Beaupré, Dom Màlin, mourut à Lunéville en 1809.

Moncel-lès-Lunéville fut qualifiée ville en 1224 par Hugues de Lunéville. Son église date de 1838 ; elle est annexe de Saint-Jacques.

De Moncel, village de 467 habitants, dépendent les fermes de la Petite Pologne, Soussy ou Saulcy, Beaupré, Desnœuds, la Pointe des Cràs, Mondon, Mississipi, Saint-Georges, Maison de Briques.

Dans la rue de Moncel ou rue de Saint-Gorgon, il y eut quelque temps une fonderie de canons, établie en 1720 par le duc Léopold.

L'étymologie de *Moncel,* qu'on a orthographié moncel, monsel, monceau, monceaul, monciel, moncial, moncheau, monchiel, mossel, mosseau, signifie : *petit mont,* tertre dans une vallée, monceau, tas, etc.

> Dunoys, l'archevesque, Traynel
> Chancellier, allaient en ce lieu
> Tous troys ensemble *à ung moncel*
> L'archevesque estant au millieu.

Sur l'abbaye de Beaupré, consulter Dom Calmet et H. Lepage et les historiens de Lunéville.

Au nº 2 de cette rue de Moncel, se trouve la maison des Sœurs du Saint-Sauveur pour le soulagement des malades.

Vieux Chemin de Moncel.

Du carrefour du temple protestant vers le village de Moncel. 10 numéros.

C'est la rue de Moncel d'autrefois, bien transformée depuis l'établissement du chemin de fer et du pont sur les voies de la gare des marchandises.

Chemin des Mossus.

De l'avenue Voltaire à la ferme des Mossus.

Ancien pàquis de ville dit des Mossus et des Brouïnnes, cédé en 1778 à Hoffmann, qui transforma ce pàquis communal en une plantation de garance, qui fit tarir six fontaines de Lunéville.

Il fut ensuite revendu à Saglio, en 1787, pour 13.000 livres.

Le maire de Lunéville, Lasnière, fut vivement attaqué à ce sujet dans un *Mémoire* imprimé sur l'abolition des pàquis.

Mossu, moussu, lieu couvert de mousse, jonché de mousse, et par extension velu.

> Sa poitrine devint mossue
> Tant fut de pluie débattue.

Faubourg de Nancy.

De la place des Carmes à la maison du Diable et à l'extrémité du territoire. Route nationale de Paris à Strasbourg. 107 numéros.

Anciennement : rue Saint-Nicolas, rue du faubourg

Saint-Nicolas (parce qu'elle conduisait à cette ville, jadis plus importante que Nancy) ; en 1792, rue Helvétius.

Cette longue rue est, avec les rues de Viller, d'Alsace-Voltaire, de Ménil, l'une des principales artères de Lunéville, prolongeant la cité le long de la rive droite de la Vezouse par un faubourg très peuplé. Les maisons de cette rue n'ont rien de remarquable.

Au n° 9, se trouve la chapelle vicariale de Saint-Léopold, desservie par le clergé de Saint-Jacques, et inaugurée le 12 décembre 1878, en remplacement de la vaste église des Carmes, détruite après la Révolution.

On remarque dans cette jolie chapelle, assez vaste, et bâtie en grès rouge sur les plans de Saint-Maur, le tombeau en marbre noir du curé-fondateur, l'abbé Louis Noël, archiprêtre de Saint-Jacques, ancien supérieur de La Malgrange et du Grand Séminaire, ancien curé de Saint-Nicolas de Port (1826-1887). Lire sa *Vie,* par E. Contal, 1887.

Au n° 13, écoles communales Demangeot ; au n° 14, très belle niche d'angle avec statue de la Vierge, style Louis XV ; au n° 23, écoles communales de filles, école maternelle Boulangé ; au n° 24, on voit au-dessus de la fenêtre, fortement encastré dans la muraille, un vieux débris de sculpture, représentant un Christ en croix.

A droite, le faubourg de Nancy se termine au n° 68, par la belle propriété Léveillé, avec maison de maître du 18e siècle, bosquet, verger, jardins immenses, qui font de cette demeure l'une des plus agréables de Lunéville durant la saison d'été.

Le faubourg de Nancy possède aujourd'hui — sur une grande partie — des trottoirs bitumés. Il a conservé sa physionomie de vieux faubourg lorrain, avec ses maisons basses, à un seul étage et ses beaux jardins descendant sur la Vezouse.

Sur le nom et les origines de Nancy, lire : Hannion, *Le berceau de Nancy.*

Rue Nicolas Saucerotte.

De la rue des Chenus à la rue de Ménil. 4 maisons.
Ancien chemin de Fine-Farine et sentier des Chenus.
Le 4 juillet 1899, le Conseil municipal décida que la

2ᵉ partie du chemin de Fine-Farine, prenant naissance sur la rue des Chenus et aboutissant au sud sur la rue de Ménil, deviendrait la rue Nicolas Saucerotte.

En l'honneur d'une illustration médicale lunévilloise, Nicolas Saucerotte (d'une famille célèbre de médecins lorrains) né à Lunéville le 10 juin 1741, lithotomiste distingué, chirurgien fameux, membre de l'Académie de chirurgie de Paris, longtemps attaché à l'hôpital Saint-Jacques, mort le 15 janvier 1814.

Nicolas Saucerotte a écrit plusieurs ouvrages estimés ; il a laissé un fils qui devint un naturaliste très connu.

Sur la famille Saucerotte, lire : de Haldat, *Eloge historique de Nicolas Saucerotte*, 1814, et Herrgott : *Le docteur Constant Saucerotte*, de Lunéville, 1885.

Place Notre-Dame.

Entre les rues Notre-Dame, de Metz, Traversière et le passage voûté de la rue du Château. 14 numéros.

Anciennement : place de la Halle, à cause des boutiques établies à l'entrée de la rue de Metz ; en 1792, ce vocable s'est conservé tel.

Cette humble placette du vieux Lunéville est bien oubliée et perdue aujourd'hui.

Son nom rappelle le vocable primitif de la chapelle du château, fondée par le duc Raoul en 1343, sous l'invocation de Notre-Dame et de saint Antoine.

De cette place part un petit passage voûté aboutissant à la rue du Château.

Rue Notre-Dame.

De la place Notre-Dame à la rue Traversière.
En 1792, même vocable. 3 numéros.
Est-ce une rue, une ruelle, un sentier, un boyau ? C'est tout cela, et c'est pourtant un des coins les plus anciens de Lunéville avec le quartier de la Commanderie, du Puits-Content et de la Vieille-Muraille.

Rue des Orphelins.

De la rue Girardet à la rue des Grands Moulins, en longeant le quai du chemin de fer.

A cause du voisinage de la maison des Orphelins, fondée par le chanoine de Bellaire et le roi Stanislas, en 1759, et appelée aujourd'hui *le Coton*. Cet hospice de vieillards et d'orphelins a été installé à Viller en 1764. En 1793, il fut appelé *hospice des Enfants de la Patrie*. (Voir au mot *Viller*).

Lire au sujet de cette curieuse fondation : le *Recueil* des fondations du roi de Pologne, 1 vol. in-folio, l'*Histoire de Lunéville*, par Baumont, la *Vie* de l'abbé Renard et le *Manuscrit* original du fondateur, l'abbé de Bellaire.

Le 3 novembre 1873, le Conseil municipal décida que le chemin longeant la voie du chemin de fer de Paris à Strasbourg, depuis le passage à niveau de la rue de Ménil jusqu'à la rue conduisant à Saint-Maur, côté de la ville, s'appellerait rue des Orphelins.

La rue des Orphelins, sans maisons, sans numéros, et sans plaques indicatrices, commence donc au pont du chemin de fer de Ménil, extrémité de la rue Girardet et finit à la rue de l'Abbé-Renard, longeant le parc à bois de la fayencerie.

Rue Paquatte.

De la Grande-Rue, n° 53, à la rue du Rempart. 15 numéros.

Anciennement : rue Pacatte, en 1792, rue Caton d'Utique.

C'est une des plus vieilles rues de Lunéville, déjà signalée sur les anciens plans de la cité, et qui a conservé son vocable populaire.

Pacatte était un nom de femme, qui voulait dire : née ou baptisée le jour de Pâques.

« Les prénoms du temps passé, dit le lieutenant Denis, étaient assez singuliers. » Pour Lunéville, il a relevé ceux-ci : Barbelon, Claudin, Gegoux, Gergoine, Housson, Saffrat, Willermin, Alizon, Béniste, Billon, Colatte, Dion, Floratte, Gillette, Jacquatte, Jennon, Méline, Merlon, Mougeatte, *Paquatte*, Pentecoste, Toussaine, Zéb'lle, Zéblatte, Zéblon.

Ce prénom féminin devint ensuite un nom d'homme : Paquat, Pacquot, Paquot, Paquet, Paquatte, Pacatte, Pàquin, etc. Il y avait à Lunéville, en 1769, au n° 2 de la rue des Capucins, un certain Jean Paccatte, qui était cosson.

Au moyen-âge, il y avait dans la langue une foule de dérivés du mot Pâques, qu'on pourrait encore appliquer à notre vieille rue lunévilloise. Ainsi : la semaine pasquage, le temps pasqueret, le jour de petites Pâques en *paskeres*.

En certains pays, on appelait *paqueret* le cadeau fait à Pâques aux enfants de chœur ; la pasquerie, était le temps de Pâques ; enfin la pasquette était notre pâquerette, parce que « marguerites ou pasquettes, environ Pasques, telles fleurs apparaissent. »

En Lorraine, le mot paquette et paquatte désignait aussi le buis, réservé pour le jour des Rameaux.

Dans le grand plan de Lunéville du *Recueil* de Héré, cette rue est dénommée rue Pacotte, et chose curieuse, la propre rue Héré est écrite : rue Erez.

Au n° 8 de la rue Paquatte se trouve un asile pour les vieillards des deux sexes de la religion judaïque.

Rue Pasteur.

De l'avenue des Vosges à la rue François Parmentier, à travers la place Victor Hugo (au Dahomey). 28 numéros.

Le 4 juillet 1899, le Conseil municipal décida que la nouvelle rue, prenant naissance sur l'avenue des Vosges, longeant au sud la caserne des chasseurs à pied, et aboutissant sur la rue François Parmentier, deviendrait la *rue Pasteur*.

En l'honneur d'une des gloires de la France et d'un des plus grands bienfaiteurs de l'humanité, chimiste et bactériologiste, l'un des premiers savants du monde entier, Louis Pasteur, né à Dôle (Jura) le 27 décembre 1822, mort à Villeneuve-l'Etang, près de Garches (Seine-et-Oise), le 28 septembre 1895, inhumé à Paris, dans la crypte en marbre de l'Institut antirabique qui porte son nom.

Lire sur cet illustre savant : Bournand : *Pasteur, sa vie et son œuvre ;* — Jungfleisch : *Louis Pasteur,* 1895 ; — et surtout René Vallery-Radot, son gendre : *La Vie de Pasteur.* 1900.

Quai des Petits-Bosquets.

De la rue Chanzy à la vanne du moulin Desalme ou des Salmes et au chemin de la Ménagerie. 19 numéros.

Par délibération du 3 novembre 1873, le Conseil municipal a ainsi dénommé ce quai, simple chemin allant de la rue des Ponts (Chanzy) au terrain de manœuvres, en longeant le bras de décharge de la Vezouse, depuis la rue des Ponts jusqu'à l'extrêmité de la propriété Maire.

Ce qu'on appelait jadis les Petits Bosquets, où l'on admirait les chartreuses, le trèfle ou pavillon chinois, la grande pièce d'eau, la ménagerie, toutes sortes de pavillons de plaisance, véritable Petit-Trianon de Lunéville, c'était l'ancien marais de la Vezouse, transformé par ordre de Stanislas.

On voyait dans ces merveilleux Petits Bosquets — devenus des jardins potagers, avec quelques débris de pavillons qui parlent encore un peu du passé — des machines hydrauliques fort curieuses, de l'invention du fameux mécanicien lorrain, Philippe Vayringe.

« Au delà du canal de la Vezouse, écrit un bourguignon voyageant en Lorraine en 1753, s'étendaient les Petits Bosquets, les jardins potagers et fruitiers de la Cour, qui avaient aussi leurs parterres, leurs allées d'arbres et de charmilles ; de ce côté, il y avait le Trèfle, bâtiment charmant dont la couverture a la même forme qu'une feuille de trèfle, le salon de la Pêcherie, où les seigneurs vont pêcher, et le salon d'eau du Roy, où se font les parties d'été. L'intérieur du salon d'eau était richement décoré, et l'extérieur, enjolivé de peintures à fresque ; on y arrivait par une large galerie, ornée de statues et de jets d'eau, et où retentissait sans cesse le bruissement de la cascade voisine.

Les Petits Bosquets présentaient encore une douzaine de pavillons, tous couverts d'ardoises, bâtis et briquetés dans la même forme que le Trèfle, et qui servaient pendant l'été de *chartreuses* ou de douces retraites aux seigneurs et aux dames de la Cour ; plus loin, s'élevaient les logements des jardiniers, tous bâtis avec symétrie, beaucoup de goût et au nombre de douze. »

De toutes ces merveilles, il ne reste plus rien, rien que des propriétés morcelées, qui s'étendent entre la Vezouse et le canal du château, entre le quai des Petits Bosquets et celui de l'Ile Saint-André.

Ce coin de Lunéville, à cause précisément de ces souvenirs disparus, est d'une tristesse profonde et d'une singulière mélancolie.

Voir à la Bibliothèque publique de Nancy, le plan gravé des Bosquets et le célèbre *Recueil* en trois volumes de l'architecte Héré, où l'on trouvera, en splendides eaux-fortes, tous les détails des châteaux de Lunéville, Chanteheux et La Malgrange et les merveilleux parterres des Bosquets, de la Ménagerie et des Petits-Bosquets.

Rue Pierre Fourier.

De la rue des Bénédictins vers la rue Guibal.
Rue particulière, en création.

Ainsi nommée, et avec raison, par son propriétaire, en l'honneur d'un des plus grands personnages historiques de notre Lorraine, l'une des gloires de Lunéville, Pierre Fourier, né à Mirecourt, le 30 novembre 1561, curé de Mattaincourt, dans les Vosges, réformateur et général des chanoines réguliers qui détenaient l'abbaye de Saint-Remy de Lunéville, mort en exil à Gray, le 9 novembre 1640, victime de son patriotisme lorrain, pendant l'occupation de notre pays par les Français de Louis XIII et de Richelieu.

Pierre Fourier est l'une des plus glorieuses figures de toute notre histoire : sainteté, patriotisme, éloquence, écrivain de bon sens et personnage éminent dans toute sa vie si bien remplie.

C'est lui qui fonda, avec Alix le Clerc, de Remiremont, la Congrégation des religieuses de Notre-Dame, venues s'établir à Lunéville, en 1629, dans la Grande-Rue.

On connaît le rôle sublime joué à Lunéville même par saint Pierre Fourier pendant l'occupation de notre Lorraine indépendante par les troupes du cruel Richelieu. On sait qu'il engagea le cardinal Nicolas de Lorraine à épouser sa cousine, la princesse Claude.

De ce mariage extraordinaire, devait sortir le grand duc Charles V, le héros du XVIIᵉ siècle, tige directe de la maison impériale d'Autriche, dite de Lorraine-Habsbourg, puisque François III, notre dernier duc de Lorraine, petit-fils de Charles V, devint l'époux de Marie-Thérèse et empereur d'Allemagne, sous le nom de François Iᵉʳ.

Pierre Fourier, dont les restes précieux sont grandement honorés dans la basilique de Mattaincourt, a été béatifié en 1750 ; il fut canonisé à Rome le 27 mai 1897 par le pape Léon XIII.

La ville de Nancy a donné le nom de ce bon lorrain à l'une de ses rues. Il a sa statue à Mirecourt.

Lire sur saint Pierre Fourier : Rogie : *Histoire de St P. Fourier*, 3 vol. in-8 ; 1897. — De Bazelaire, Chapia, Dom Wuillemin, de Besancenet, Bédel, en 1656, comtesse de Flavigny, Lacordaire, abbé Marchal : *Bulletin mensuel de Mattaincourt*, et tous les historiens généraux de la Lorraine. Il y aurait un travail intéressant à faire sur les relations de Pierre Fourier avec Lunéville.

Chemin des Porches.

Du chemin de Xerbévillers à la rivière de Meurthe, aux approches du confluent.

Ce chemin qui est parallèle au faubourg de Viller, se dirige en droite ligne vers la Meurthe; il se ramifie en de nombreux sentiers, et c'est la route la meilleure pour atteindre le confluent de la Meurthe et de la Vezouse.

C'était jadis l'endroit où l'on conduisait les porcs pour les *porcher*, c'est-à-dire les engraisser convenablement. La prairie s'appelait la fosse porcheresse et ses appartenances ; le troupeau était la porcherie :

> Y a de grandes gagneries
> Et grands plants de porcheries.

La « porkerie de pourciaus » était conduite par un porcher ou porcheron, nourri chez sa mère de pain d'orge et d'eau froide, et qui, pour mener ses bêtes, avait un épieu ou porchière.

Le soir venu, il les ramenait en leurs porcils de Viller et Lunéville. « Quand Passelion vint au porcil, il coupa à tous les pourceaux les oreilles. »

Il y avait en Lorraine un vieux proverbe : Nul ne peut donner des tripes, sinon celui qui tue son porceau.

Chemin de la Prairie.

De l'ancien hameau de Ménil à la prairie de la Meurthe et au Gué des Vaches. 2 maisons

Petit chemin conduisant directement à la grande prairie de la Meurthe, dans le canton de Ménil.

Au moyen-âge, on disait volontiers praiage ou praielle ou praicrie.

> En une praielle
> Trouvai l'autre hier
> Une pastourelle
> Avec son bergier !

Chemin du Pré-aux-Ours.

De la rue Sainte-Anne à la prairie de la Vezouse. 7 numéros.

Ancienne Morte aux Ours, en 1637, pré aux ours ou pré des ours, vers 1640 ; grande morte le long de la Vezouse.

Il y existe encore une dépression, fort marécageuse dans les temps de pluie, dépression qui a dû être cette morte aux Ours dont parlent les vieux plans de Lunéville.

Il est probable que les bateleurs et montreurs d'ours, bohémiens et coureurs de grands chemins, si nombreux au moyen-âge, ne pouvaient coucher à l'intérieur des remparts avec leur singulier attirail et leur ménagerie et que c'est là, entre Viller et Lunéville qu'était établie cette nouvelle Cour des Miracles.

De ces gens on disait jadis : *mener l'ours,* exercer une profession infâme ; *meneur d'ours,* un fripon, un infâme, un trompeur ; *monter sur l'ours,* ne s'épouvanter de rien ; souffrir et endurer tout comme un vieil ours emmuselé.

Rue des Prés.

De la rue de Viller, n° 62, à la rue Sainte-Anne. 7 numéros.

Le 3 novembre 1873, le chemin allant de la rue de Viller au chemin de Sainte-Anne, depuis le pensionnat du Bienheureux Pierre Fourier jusqu'à la rue de Sainte-Anne, prit le nom de rue des Prés.

Le Conseil ne se compromettait pas beaucoup et les gloires historiques de Lunéville pouvaient attendre, alors qu'il y en avait tant dans ce faubourg, ne fût-ce que Chambrette, l'illustre fondateur d'une fayencerie renommée dans le monde entier !

C'est toujours la même chanson : Nul n'est prophète en son pays.

On avait déjà une rue de la Prairie, le mot de rue des Prés pouvait — et peut — facilement être remplacé par un autre.

La rue des Prés longe la propriété du pensionnat ecclésiastique dit de Saint Pierre Fourier, établi à Viller par l'abbé Trouillet, ancien curé de Saint-Maur.

Rue du Puits-Content.

De la place Saint-Jacques à la place du Puits-Content (aujourd'hui Eugène-Ferry). 5 numéros.

Anciennement : rue du Puits de l'Ecole, en souvenir de l'ancienne école des frères, établie en 1750 par le roi Stanislas.

On appelait ce tout vieux puits de Lunéville, qu'on a laissé malheureusement disparaître, le puits *content* ou *comptant,* parce qu'à une certaine époque, on faisait payer l'eau du puits, situé au milieu de la placette, sise au cœur de la vieille cité forte de Lunéville.

Les Quartiers militaires.

Il y aurait une histoire curieuse à faire de tous les casernements et quartiers militaires de Lunéville, depuis les vieilles constructions des Carmes et des Cadets, jusqu'aux récents quartiers Stainville et Diettmann.

En 1901, Lunéville possède une garnison importante répartie en ces divers quartiers :

8e Dragons, quartier de La Barollière ;
9e Dragons, quartier Beauvau ;
11e Cuirassiers, quartier Diettmann ;
12e Cuirassiers, quartier Clarenthal ;
2e Bataillon de Chasseurs à pied, caserne Stainville ;
Deux batteries du 39e d'Artillerie, quartier Treuille de Beaulieu.

1o Le Château ou *Quartier Stanislas,* ainsi nommé en l'honneur du roi Stanislas Leckzinski, roi de Pologne

CHARLES-JUSTE
DE BEAUVAU
MARÉCHAL DE FRANCE
MINISTRE
DE LOUIS XVI
MEMBRE
DE L'ACADÉMIE
FRANÇAISE
1720-1793

et duc de Lorraine, est occupé tout entier, d'une part par les trois généraux, le Cercle militaire, les services d'état-major (anciens appartements royaux) ; de l'autre par deux compagnies du 2ᵉ Bataillon de Chasseurs et deux escadrons du 9ᵉ Dragons.

2º Caserne des Cadets ou *Quartier Beauvau*, rue Chanzy, construite par Léopold pour les cadets-gentils-hommes lorrains.

Ainsi nommée en l'honneur du maréchal de France, Charles-Juste de Beauvau-Craon, né à Lunéville, le 10 novembre 1720, l'un des héros de la Guerre de Sept-Ans, membre de l'Académie française, ministre de Louis XVI, mort à Saint-Germain-en-Laye, le 21 mai 1793. Son buste est à Haroué et au Musée de Lunéville. Lire sa *Vie* par la princesse de Beauvau, sa femme.

3º Quartier des Carmes, ancienne caserne des gardes du corps, ou *Quartier de La Barollière*, en l'honneur de Pilotte de La Barollière, né à Lunéville, le 28 novembre 1746, général de division à la Révolution et baron de l'Empire, mort à Nîmes, le 1ᵉʳ décembre 1827.

4º Quartier de l'Orangerie ou *quartier Clarenthal;* ancienne orangerie de Stanislas, rue des Bosquets.

Nommée en 1887 quartier Clarenthal, en l'honneur de Joseph de Conigliano-*Clarenthal*, né à Lunéville le 6 octobre 1751, maréchal de camp et inspecteur général des dépôts de remonte pendant la Révolution; inspecteur des dépôts de cavalerie, mort des suites de ses blessures à Compiègne le 9 mars 1795.

5º Caserne des chasseurs à pied ou *caserne Stainville*, avenue Voltaire, construite de 1882 à 1884.

En l'honneur de Jacques de Choiseul, comte de Stainville, né à Lunéville le 6 septembre 1727, feld-maréchal à la cour d'Allemagne à Vienne ; lieutenant-général des armées françaises, en 1760, inspecteur général de l'infanterie, gouverneur d'Epinal et de Strasbourg, maréchal de France en 1783, mort à Strasbourg, le 2 juin 1789.

6º Quartier d'artillerie ou *quartier Treuille de Beaulieu*, avenue Voltaire, en l'honneur du baron Antoine Treuille de Beaulieu, né à Lunéville en 1809, général de brigade en 1867, mort à Paris le 24 juillet 1886. Ce général s'occupa durant sa carrière militaire du perfectionnement des armes à feu ; il fut chargé en 1854 de l'exécution des canons rayés.

7° Nouveau quartier de cavalerie ou *quartier Diettmann*, avenue Voltaire, construit en 1884.

En l'honneur de Dominique Diettmann, né à Lunéville le 21 novembre 1739, simple gendarme d'Artois en 1760, maréchal de camp en 1792 et lieutenant-général commandant la cavalerie de l'armée du Rhin, mort à Colmar le 21 mars 1794, laissant un fils, Georges-François, né à Lunéville en 1790, devenu maréchal de camp en 1844, mort à Nancy le 19 septembre 1854.

Sur tous ces maréchaux de France ou généraux illustres, enfants de Lunéville, qui ont donné leur nom à six quartiers militaires de notre ville, consulter l'*Inventaire* des registres de l'état-civil de Lunéville, par le lieutenant Denis, où l'on trouvera avec le portrait des personnages, des détails biographiques assez complets, que nous ne pouvons reproduire ici, pour ne pas allonger ce travail.

Les gloires militaires de Lunéville... voilà un beau titre pour un ouvrage historique qui nous manque encore et qui devrait avoir sa place dans toutes nos bibliothèques lorraines.

Car, à côté de ces six personnages, à côté du général Haxo, il y a beaucoup d'autres héros, signalés dans le grand recueil de M. Charles Denis, héros qu'il importerait de ne pas oublier et de donner en exemple aux nouvelles générations.

*
* *

Dans chacun des quartiers militaires de Lunéville, il y a de superbes salles d'honneur, où l'on conserve des souvenirs historiques de chaque régiment.

Rue de la Reine.

De la rue de Lorraine, n° 23, à la place Stanislas. 5 numéros.

En l'honneur de Catherine Opalinska, reine de Pologne, duchesse de Lorraine et de Bar, épouse du roi Stanislas.

Catherine, issue de la célèbre famille des Piast, fut mariée à l'âge de 16 ans à Stanislas, qui en avait 19. Elle était née le 5 octobre 1680, en Pologne, fille unique de Stanislas Opalinski.

Elle mourut à Lunéville, des suites d'asthme et d'hydropisie le 19 mars 1747, âgée de 66 ans, et fut inhumée à l'église de Bonsecours, à Nancy, où l'on voit encore son admirable tombeau en marbre blanc par le sculpteur Adam.

Elle fut mère de Marie Leckzinska, reine de France.

Lire son *Oraison funèbre*, par l'abbé Clément, aumô-nier de Stanislas, 1747, et toutes les histoires du roi de Pologne, ainsi que Lepage : *Les caveaux de Bonse-cours*, et l'abbé Jérôme : *Monographie de Bonsecours*.

Ce nom de rue de la Reine fut donné à cette petite voie parce qu'elle conduisait directement aux apparte-ments particuliers de la reine Catherine Opalinska (appartements actuels du général de division).

La place Stanislas a même porté un moment le nom de la place de la Reine, et la rue Stanislas ceux de : rue de la Chapelle, rue des Ecuries, rue du Haut-Boîteux. Enfin, la rue Saint-Georges, sous Stanislas, était la rue de la Commanderie, tandis que l'actuelle rue de la Commanderie était la rue du Hazard.

Rue du Rempart.

De la rue Cyfflé à la rue Paquatte. 43 numéros.

Le 3 novembre 1873, le Conseil municipal décida que le prolongement de la rue Hargaut à travers la propriété de Conigliano, depuis son ouverture sur la rue Cyfflé jusqu'à la rencontre de la rue Paquatte, s'appellerait : rue du Rempart.

En souvenir des anciennes fortifications de Lunéville, qui occupaient à peu près l'emplacement de cette rue, depuis la Tour Blanche (qui existe encore dans la rue de l'Abattoir) jusqu'à la tour d'Epinal et à la porte Joly à l'entrée de la Grande-Rue, dans les environs de l'hôtel du Faisan.

Cette rue du Rempart est très ancienne en certaines parties : c'était le chemin de ronde à l'intérieur des remparts, dont on aperçoit encore quelques vestiges dans les propriétés voisines.

Au nᵒ 11 écusson aux armes de Lunéville, vis-à-vis l'ancienne place du Bétail, devenue la rue du Rempart, élargie jusqu'à la rue Cyfflé.

Au nᵒ 21, belle porte monumentale surmontée de vases à fruits.

Rue Rivolet.

De la rue Girardet à la rue Charles-Vue et au carrefour du Temple protestant. 29 numéros.

Anciennement : rue du Midi ; nommée rue Rivolet le 6 juin 1885, en l'honneur de M. Charles-Claude Rivolet, avocat à la Cour d'appel de Paris, qui le 21 août 1885, légua à la ville de Lunéville pour le bureau de bienfaisance, une somme d'environ 300,000 francs avec immeubles et jardins.

M. Rivolet mourut la même année. L'*Eclaireur* du 4 décembre 1885 a donné la biographie du généreux bienfaiteur de Lunéville en reproduisant l'éloge prononcé à Paris par Mᵉ Martini, bâtonnier de l'ordre des avocats.

Le legs fait à Lunéville par M. Rivolet se composait : d'une maison, rue Banaudon, 34, provenant au testateur de la succession Poincarré ; un jardin de la même succession, vendu 14,000 fr. ; 720 fr. de rentes 4 1/2 ; 135,900 fr. ; le prix d'objets mobiliers recueillis par le testateur, évalués à 30,000 fr., le tout produisant intérêts du jour du décès de M. Rivolet, enfin une somme de 50,000 fr. nette de tous droits.

Chemin de Ronde.

(*Voir rue François Parmentier*).

Ancien chemin de surveillance et de dégagements autour des nouvelles casernes d'artillerie et de cavalerie, Diettmann et Treuille de Beaulieu. Ce chemin, qui prend naissance et aboutit à l'avenue Voltaire, au-delà du bureau d'octroi, a été dénommé en partie rue François Parmentier.

Place Rose.

Carrefour formé par la Grande-Rue et la rue Germain-Charier, devant le bazar.

Ainsi dénommée sur tous les anciens plans de Lunéville au 17e et au 18e siècle (1638 et 1760). Elle porta aussi le nom de place du Cheval-Blanc à cause d'une hôtellerie à cette enseigne.

Quai de l'Ile Saint-André.

(Voir au mot Ile).

Saint André, apôtre, était le frère de saint Pierre. Il naquit à Bethsaïde, mais au temps de sa vocation, il était pêcheur à Capharnaüm. Il fut d'abord disciple de Jean-Baptiste, mais sur une indication de son maître lui montrant le Christ qui passait, il suivit Jésus, passa la journée avec lui, dans la maison où il logeait et le lendemain lui amena son frère Pierre. Les récits évangéliques sont assez brefs sur cet apôtre. Les légendes des temps apostoliques assurent qu'il évangélisa la Scythie et la Grèce, puis l'Asie Mineure, la Thrace, enfin qu'il mourut à Patras, en Achaïe, après avoir été attaché pendant trois jours sur une croix en forme de X.

Saint André est le patron de l'Ecosse et l'un des protecteurs de la Russie. Sa fête se célèbre le 30 novembre.

Le mot André, signifie *viril* ; il est d'origine grecque, et se retrouve souvent chez les Juifs à partir de l'époque des Séleucides.

Rue Saint-Georges.

De la rue du Puits-Content à la rue de la Vieille-Muraille. Autrefois : rue de la Commanderie.

En souvenir de l'ancienne commanderie des Templiers qui possédait l'hôpital Saint-Georges de Viller, encore debout en 1721.

On sait combien saint Georges, noble seigneur d'Arménie, était célèbre dans la chevalerie au moyen-âge. Il était un des principaux patrons militaires, et presque toutes les villes, y compris Lunéville et Nancy, avaient leur porte Saint-Georges, décorée d'une statue équestre du protecteur.

À Nancy, près du Palais Ducal, il y avait une collégiale fameuse, consacrée à saint Georges, où nos ducs se faisaient enterrer.

Saint Georges, dont la fête populaire se célèbre le 23 avril, a été mis par les Grecs au nombre des *grands martyrs ;* il est plus connu par la diffusion de son culte que par la certitude de son histoire.

C'était, disent ses *Actes,* un jeune prince chrétien de la Cappadoce qui souffrit le martyre sous Dioclétien. Il fut décapité à Nicomédie le 23 avril 303. On le représente armé d'une lance et pourfendant un dragon, parce que, comme Persée, il aurait sauvé la fille d'un roi d'un monstre qui allait la dévorer.

On a voulu voir dans ce dragon, un symbole du paganisme, terrassé par le christianisme et dans la légende une copie du mythe de Mithra, le premier esprit ou génie de lumière subordonné à Ormuzd.

Le culte de saint Georges se développa à Constantinople, puis en Arménie, à Gênes, à Rome, dans les Gaules ; il atteignit son apogée au temps des croisades, et sous Richard Cœur de Lion, un concile national, tenu à Oxford en 1222, érigea le 23 avril en jour férié pour toute l'Angleterre.

C'est sous le patronage de saint Georges que fut créé en 1330 l'ordre de la Jarretière.

Les Russes adoptèrent saint Georges avec son dragon comme leur principal emblème et donnèrent son nom au premier de leurs ordres militaires, institué en 1769, par Cathcrine II.

Place Saint-Jacques.

De la rue Thiers à la rue de la Charité. 30 numéros.

Anciennement : place de la Paroisse ; en 1793, place du Marché.

Cette ancienne place du vieux Lunéville était véritablement le *forum* de notre cité au moyen-âge. Là se trouvait l'église de la paroisse, distincte de l'abbaye de Saint-Remy, là le cimetière communal et tous les souvenirs de nos ancêtres.

Elle a été nommée place Saint-Jacques, en souvenir

de l'ancienne église paroissiale, dédiée à cet apôtre, Jacques le Majeur, église desservie depuis 1184 par les chanoines de l'abbaye voisine et démolie en 1745.

La place elle-même s'est agrandie de l'emplacement du cimetière et d'une partie de l'emplacement de la vieille église, dont le portail s'ouvrait à la hauteur de la rue du Puits-Content.

Les nefs et les absides se prolongeaient dans la rue de la Charité et sur l'emplacement des écoles du Centre.

La maison Bony, fabrique de cartes à jouer, fut bâtie en 1705 dans les dépendances de cette église par C. Marchal, avocat au Parlement, pour y loger les gardes du duc Léopold puis du roi Stanislas. Elle porta longtemps le nom de la Cantine.

*
* *

L'histoire de l'ancienne église Saint-Jacques de Lunéville serait des plus curieuses à raconter. Mais l'exposé en a été fait très savamment en 1865, par l'architecte Joly, dans une brochure : *Notice sur l'ancienne église paroissiale Saint-Jacques, démolie en 1745.*

Cette histoire trouverait sa place dans une grande *Monographie* illustrée du Saint-Jacques actuel.

Nous allons simplement résumer le travail de l'historien Joly.

Cette antique église, unique paroisse de Lunéville, et qui eut droit d'asile jusqu'en 1415, remontait à la fin du XIIe siècle, puisque nous savons qu'en 1181, les chanoines réguliers de Saint-Remy desservaient la paroisse. Cette desserte dura jusqu'à la Révolution française.

Dès l'année 1265, les bourgeois de Lunéville voulurent avoir une église, indépendante de celle de l'abbaye.

Cette église fut construite dans le style ogival ; on lui donna pour patron saint Jacques de Compostelle ou le Majeur, dont le culte était très populaire dans toute la chrétienté.

En 1197, on fit des réparations importantes à cette église primitive, qui fut agrandie successivement par des chapelles latérales du côté du cimetière.

C'est en 1745 que le roi Stanislas fit démolir ce qui

restait du vieux sanctuaire communal et achever l'église Saint-Remy (Saint-Jacques actuel).

Les habitants de Lunéville furent très mécontents de cette suppression, surtout à cause des tombeaux et des monuments de leurs ancêtres qu'on détruisit. Le curé de Lunéville, le chanoine Verlet, fut tellement accablé de reproches, qu'il dut s'enfuir à Einvaux.

Avec l'emplacement de l'église et du cimetière, on agrandit d'abord les bâtiments de la Charité (écoles), puis on convertit le reste en place publique. Enfin on élargit également la rue de la Charité, auparavant simple ruelle usagère le long de la vieille église.

On sait que de cette mère-église lunévilloise dépendaient : Lunéville et le faubourg d'Allemagne, le hameau de Viller et sa chapelle de saint Maur, Ménil, Moncel, Jolivet ou Huviller et enfin Chanteheux.

*
* *

Notre ancienne église Saint-Jacques était donc située tout au bout de la place actuelle, à l'entrée même de la rue de la Charité, dont elle occupait une grande partie ; le portail était sur la place, dans l'axe de la rue du Puits-Content.

Le cimetière entourait l'église et l'on enterrait nos pères soit sous le pavé des nefs, soit dans le cimetière, et plus tard dans le cimetière hors ville (hôpital actuel).

L'église Saint-Jacques, qui eut des orgues dès l'année 1703, était orientée, de style ogival, avec une tour unique, surmontée d'une haute flèche en ardoises. Elle avait trois nefs, un jubé, des vitraux armoriés et de nombreuses chapelles et confréries, notamment celle des hommes, pour laquelle Girardet peignit un superbe *Saint Joseph portant l'Enfant Jésus*, aujourd'hui à Saint-Jacques.

De même, le célèbre Van Schuppen peignit pour la confrérie du Rosaire, fondée en 1619, un magnifique tableau, conservé à Saint-Jacques : l'*Institution du Rosaire*. Le maître-autel en marbre, fut exécuté en 1713 par Nicolas Renault de Nancy ; il sert toujours à Saint-Jacques.

Parmi les chapelles de la vieille église, citons celles : de St-Pierre, fondée en 1397 par Jehan le bourdellier (*sic*) et Gérardin Dainville (*sic*) ; de St-Paul, en 1417, par Gérard Brue et Aboratte, sa femme ; des Sts-Jean et Gérard, en 1444 par Poiresson et Belanne, sa femme ; de Notre-Dame de la Conception ou de Craon, fondée en 1473 et rétablie par le prince de Beauvau-Craon en 1730 ; de St-Joseph ; de St-Luc ou Lucas ; du Rosaire, en 1619, par messire Gautherot, curé-prieur ; de St Goëry, en 1473 ; de St-Sébastien ; de St-Crépin, appartenant aux cordonniers ; de Ste-Anne, en 1675 ; de Ste-Lucie, en 1689, enfin de St-Roch, fondée en 1722 par Pauly et Gâté.

*
* *

Il nous reste à signaler — l'épigraphie campanaire étant très intéressante et très à l'ordre du jour — les diverses inscriptions des cloches de l'ancienne et de la nouvelle église Saint-Jacques.

Il y avait, à la fin du 16ᵉ siècle, quatre cloches à Saint-Jacques, avec la *ban-cloche* de la commune pour les sonneries civiles.

De plus une petite cloche sur laquelle on lisait :

« L'an 1615, messire Didier Gautherot, prieur de St-Remy, recteur de la paroisse, a achepté une cloche, venant de Nancy, pesant 18 cents, pour 19 francs, pour la faire poser sur le petit clocher. »

Sur la grosse, on lisait :

Je fu ja de Vy *(jadis de Vic)*, aportée du tems le riche duc Ferry, mil trois cent et vingt-six, et fu refaite toute à neuf 1419, du tems le duc Charles Hardy et poise *(je pèse)*, cinq cent et quatre mils.

Sur la seconde :

Sur moy a fait son nom graver celle qui me l'a fait donner ; c'est la princesse Catherine *(de Lorraine, abbesse de Remire-mont)* chrétienne de mœurs et de doctrine. 1579.

Sur la troisième :

En 1579, je fut fondue et d'une princesse bien née, Elisabeth nommée ; en 1661, je fut par accident fendue et sous le même nom refondue, peut après de rechef fendue et par les soings de Lunéville refondue et au nom de cette ville tenue par le sieur de La Tour, sieur de Ménil-la-Tour, lieutenant-général au bailliage et chef de police de la ville ; du beau nom de Marie par elle nommée en 1681.

En 1681, on baptisa aussi une nouvelle petite cloche dont l'inscription est perdue.

Enfin, sur le timbre de l'horloge, on lisait :

François de Lorraine, prince de renommée, m'a décorée de son haut nom en 1579.

La *Ban-cloche* et les anciennes cloches de Saint-Jacques furent transportées en 1746 dans les tours actuelles et complétées par trois autres. Ces cloches, à l'exception de deux qui existent encore, furent fondues à la Révolution.

Aujourd'hui, à Saint-Jacques, il y a deux sonneries bien distinctes. Dans la tour de droite se trouve le beffroi civil avec trois cloches ; dans la tour de gauche, la sonnerie religieuse, avec cinq cloches.

Nous avons essayé vainement de recueillir les inscriptions des trois cloches du beffroi municipal. Il faut une gymnastique spéciale pour atteindre ces cloches, et le guetteur, M. Dété, n'a pu que copier cette inscription du gros timbre de l'horloge qui sert pour les incendies :

« Ce timbre a été fondué le 5 septembre 1810 sous l'administrasion de monsieur Lelmy, maire à la ville de Lunéville, 5e arrondissement de Meurthe. Fait par Bonneville. »

Les deux autres clochettes ont des inscriptions en caractères gothiques.

Dans la tour Saint-Michel se trouve la sonnerie religieuse, composée de quatre belles cloches ; au-dessus se trouve encore une petite clochette que nous n'avons pu atteindre.

Sur la grosse cloche on lit :

« J'étois à l'abbaie St-Remy et ai été refondue en 1746 et nommée Catherine, par Stanislas premier, roy de Pologne, duc de Lorraine et de Bar et par la reine Catherine Opalinska, son auguste épouse, reine de Pologne, duchesse de Lorraine et de Bar. Les Burel, fondeurs. »

Les autres cloches sont plus récentes ; elles sont timbrées en relief des armes de Lunéville et de l'écusson de Mgr Darboy, évêque de Nancy. On y remarque le cartouche des Goussel, fondeurs à Metz, et de nombreux sujets religieux très finement exécutés.

On y lit les noms de M. Parmentier, maire, et Duplessis, curé-archiprêtre de Lunéville, et les noms des parrains et marraines.

En 1579, le duc Charles III fit don aux habitants de Lunéville d'une somme de 50 francs pour aider à fondre les cloches de leur église paroissiale « et pour un timbre à l'horloge d'illec. »

Les bourgeois de Lunéville pouvaient, avec l'autorisation des gouverneurs de la cité, faire sonner la ban-cloche pour leurs parents défunts, moyennant 6 gros à la commune, 6 gros aux sonneurs et 3 gros à la fabrique.

Pour en finir avec l'épigraphie campanaire lunévilloise, disons qu'il existe encore au sommet du donjon du château deux petites cloches, servant de timbre à l'horloge ovale. Sur chacune, ornée d'une grande croix de Lorraine et des armes ducales, surmontées de la couronne royale fermée, on lit : *Vive leurs Altesse royalle*. Et au bas : *Iean Colin, fondeur à Nancy, 1705*.

Il y eut jadis sur la place Saint-Jacques un four banal, l'un des trois existant à Lunéville. Les deux autres étaient situés rue Hargaut et rue des Carmes. En 1786, ils furent adjugés pour la dernière fois au prix annuel de 1171 livres 13 sols 4 deniers.

*
* *

Nous avons dit que le culte de saint Jacques le Majeur, apôtre, dont la fête se célèbre le 25 juillet, était très populaire au moyen-âge.

Ce Jacques était fils de Zébédée, riche pêcheur des bords du lac de Galilée et de Salomé, l'une des femmes qui soutenaient le Christ de leurs subsides. Il était frère de saint Jean l'Evangéliste. Il fut mis à mort en l'an 44, sur l'ordre d'Hérode Agrippa.

L'Espagne en fit dès le VIe siècle son patron et son protecteur, et le corps de saint Jacques, conservé à Compostelle, fut l'objet d'un culte aussi important que les reliques des apôtres Pierre et Paul à Rome. Le pèlerinage de San Jago de Compostelle fut le plus célèbre de toute la chrétienté après celui de Saint-Pierre de Rome.

*
* *

Au no 13 de cette place, se trouve l'école des Frères.

Au n° 18, au-dessus de la porte, taque en fonte, représentant Marie Leckzinska, reine de France.

A l'angle du bâtiment des écoles, curieuse niche ogivale avec piédestal où sont finement sculptés de petits personnages, niche provenant très probablement de l'ancienne église paroissiale.

Dans cette niche, on a placé une statue en bois peint de saint Jacques, en costume de pèlerin. C'est le seul vestige qui subsiste à cet endroit de la mère-église de Lunéville.

Chemin de Saint-Léopold.

Du faubourg de Nancy, n° 105, au moulin de Xerbéviller. 9 maisons.

Ce chemin hors ville conduit à un écart de Lunéville, magnifique propriété ou maison de plaisance, appelée Saint-Léopold.

Ce fut d'abord un antique ermitage, rebâti en 1728, puis une maison de campagne qui fut quelque temps habitée par les Carmes en 1707 avant la terminaison de leur monastère de Lunéville.

C'est encore aujourd'hui une superbe demeure avec tour centrale, pavillons, parc, vue splendide sur Lunéville et la vallée de la Vezouse, avec, comme fond de scène, le prestigieux décor des Vosges, du Donon à Raon-l'Etape et Saint-Dié.

Le nom de Saint-Léopold fut donné à cet ermitage lunévillois, en l'honneur du duc Léopold de Lorraine.

Saint Léopold, 4e margrave d'Autriche, de la maison des comtes de Babenberg, naquit le 20 septembre 1073, et devint margrave d'Autriche en 1096. Il accueillit avec bienveillance les croisés et leur chef, Godefroy de Bouillon. Léopold se maria avec Agnès, sœur de l'empereur Henri V et veuve de Frédéric de Souabe, dont il eut 18 enfants.

Léopold IV concentra toute son attention sur des fondations pieuses et le soulagement des pauvres.

Il refusa la couronne impériale en 1133, à la mort de Henri V et assura la paix à l'Allemagne après le couronnement de Lothaire. Il mourut en 1136 et fut mis au rang des saints par Innocent VIII, le 6 janvier 1483.

Il fut surtout célèbre par sa piété, sa douceur, sa charité inépuisable.

Rue Saint-Maur.

De la rue de Viller à la rue du faubourg de Viller et au chemin de Xerbéviller. 50 numéros.

Quartier des anciennes blanchisseries de Lunéville, reliant la grande artère de Viller au faubourg du même nom, le long de la Meurthe.

Cet antique vocable rappelle aux habitants de ce lointain quartier l'église primitive du hameau de Viller, dédiée à saint Maur, et longtemps desservie par le curé de Lunéville.

On sait que saint Maur, abbé et fils spirituel de saint Benoît, fut en 542, le fondateur de Glanfeuil ou Saint-Maur sur Loire. On le regarde comme l'introducteur en France de la règle bénédictine, qui fut réformée plusieurs fois, d'abord en 1600, par les bénédictins de Lorraine, sous le nom de congrégation de Saint-Vanne, et surtout en 1618, à Paris, sous le nom célèbre de congrégation de Saint-Maur.

Cette congrégation française a donné de nombreux savants et érudits qui ont publié des œuvres gigantesques. En 1766, elle comptait en France 191 maisons et 1917 religieux.

*
* *

L'église de Saint-Maur de Viller fut bâtie en 1406, par le duc Charles II et Marguerite de Bavière, en l'honneur de la Vierge, de saint Maur des Fossés et de tous les saints du Paradis, pour servir à la fois à l'hôpital de Viller et aux habitants de Viller, qui étaient de la paroisse de Lunéville, « afin qu'ils n'aient plus occasion de s'absenter de leur paroisse. »

En 1621, le duc Henri II donna l'hôpital et la chapelle de Viller aux Minimes de Lunéville.

Cette chapelle fut agrandie en 1630 et en 1756. On conservait encore en 1865 la porte d'entrée, de style ogival, de la période secondaire. Des pierres tombales avaient survécu à la ruine, une entre autres où on pouvait lire :

« Le serviteur des serviteurs de Dieu, le sieur Falque, âgé de 72 ans, a rendu son âme à Dieu, le 28 octobre 1737. »

Dans le jardin attenant à la chapelle, et qui était l'ancien cimetière, on a recueilli beaucoup d'ossements humains.

Aujourd'hui l'emplacement de la chapelle Saint-Maur est occupé par une cité ouvrière ; à l'angle de la rue on a placé sur un haut piédestal et dans une niche ogivale une statue de Notre-Dame.

** **

Au sujet de cette vieille église Saint-Maur de Lunéville, disparue et remplacée par l'église actuelle, M. Joly, dans sa *Notice* sur Viller, dit :

« Les Minimes restèrent en paisible possession de cette chapelle jusqu'en 1789. A la suite du retour à l'Etat des biens du clergé, elle fut comprise au nombre des propriétés nationales et mise en vente à la suite des couvents de la ville.

Adjugée à vil prix, elle devint et elle est restée depuis propriété particulière.

Une écurie, une grange et quelques troncs mutilés de statues, enchâssés dans les murs, ou dispersés çà et là dans les maisons voisines, c'est, avec la porte d'entrée de style ogival, contemporaine de la fondation, tout ce qui reste de ce pauvre et petit sanctuaire, élevé par la charité de nos princes, entretenu par la piété de nos aïeux ; détruit, relevé puis détruit, suivant les vicissitudes du temps, et dont le modeste souvenir pâlit et ira se perdre, désormais, devant les splendeurs de la nouvelle église Saint-Maur, héritière, dans la pensée du fondateur, l'immortel curé Trouillet, de son patron aussi bien que de ses traditions historiques et religieuses. »

** **

Le vocable de Saint-Maur donné à cette rue du faubourg de Viller rappelle donc pour Lunéville un souvenir historique important.

Faubourg Saint-Nicolas.

(Voir faubourg de Nancy).

Le faubourg de Nancy fut longtemps le faubourg Saint-Nicolas, parce qu'il conduisait à la florissante cité de Saint-Nicolas de Port, la ville la plus célèbre de toute notre Lorraine aux XVe et XVIe siècles.

Devenue dès le XIe siècle le centre d'un pèlerinage des plus fréquentés en l'honneur de saint Nicolas, évêque de Myre et patron de la Lorraine, cette ville fut ruinée presque tout entière en 1635, pendant la guerre de Trente Ans.

Elle ne s'est jamais relevée de ce désastre des Suédois et des Français, mais elle a conservé sa splendide église ogivale, monument historique de premier ordre et qui fait bonne figure à côté des cathédrales de Toul, Metz et Strasbourg.

Cette basilique, œuvre de Simon Moycet, a été construite de 1480 à 1544.

Sur Saint-Nicolas de Port, on peut lire les ouvrages de MM. Bastien, Lepage, Munier-Jolain, Digot, Laroche, E. Badel.

Place Saint-Remy.

(*Voir place de l'Eglise*).

Le nom de place Saint-Remy conviendrait beaucoup mieux que celui, banal, de place de l'Eglise (il y a tant d'églises !)

Il rappellerait au moins la plus ancienne fondation de notre cité, la fameuse abbaye Saint-Remy en 999.

Du reste, la place de l'Eglise a longtemps porté ce nom, et c'est un souvenir historique à conserver, comme celui de la place Saint-Jacques.

Sur saint Remy, évêque de Reims, lire les ouvrages hagiographiques et la *Monographie* de l'admirable basilique Saint-Remy de Reims, l'un des joyaux de notre architecture française, à côté de la cathédrale du sacre des rois.

Saint Remy, évêque de Reims, né à Cerny, près de Laon, en 435, mort à Reims le 13 janvier 533 ; sa fête se célèbre le 1er octobre. On sait qu'il baptisa, le 24 décembre 496, Clovis, roi des Francs, à Reims, dans la chapelle de Saint-Martin hors les murs, et que ce grand acte eut une influence décisive sur les destinées de la France.

Il y avait au XIIIe siècle à Lunéville une rue qu'on appelait la Cour Saint-Remy.

En 1224, Hugues de Lunéville cède à son frère Conrad, sire de Ristes, une part dans l'intérieur des murs de Lunéville, à savoir ce qui est depuis le fossé derrière la maison du chevalier d'Athienville, jusqu'à la Cour Saint-Remy, à droite.

Saint-Roch *(lieudit)*.

Ancien écart de Lunéville, au-delà du chemin des Mossus.

Ancien ermitage dédié à un saint français, très populaire au moyen-âge, surtout aux époques de calamité publique, saint Roch, né à Montpellier en 1295, où son père, Jean de la Croix, était consul.

Ses *Actes* nous le montrent parcourant l'Italie tout entière, pour soigner les pestiférés, atteint lui-même par la contagion, et ne trouvant pour le soigner, qu'un pauvre chien qui léchait ses pieds. Voilà pourquoi on représente toujours saint Roch, ayant un chien à ses côtés.

Saint Roch mourut à Montpellier en 1327. En Italie, en France, en Allemagne, d'innombrables églises lui ont été consacrées, et de nombreuses confréries furent établies, surtout dans les temps de peste et de choléra.

Lire : Vinas et Coffinières : *Vie de saint Roch.*

Rue Sainte-Anne.

De la rue de Viller, n° 6, à la rue Saint-Maur et au faubourg de Viller, 23 numéros.

Cette longue rue à travers les jardins de Viller doit être prolongée en ligne directe jusqu'à la rue Saint-Maur, car elle se perd actuellement dans le dédale des ruelles et sentiers des Maisonnettes.

Anciennement : rue des Jardins, rue allant à Ste-Anne.

L'expression « aller à Sainte-Anne » était très usitée autrefois à Lunéville.

Ce nom, populaire entre tous à Lunéville, qui a même fait de la Sainte-Anne sa fête patronale, a été donné depuis longtemps à ce chemin tortueux et boîteux, s'en allant à travers les jardins de Viller jusqu'à la Vezouse.

Le 3 novembre 1873, le Conseil municipal décida que le chemin faisant le prolongement de la rue Sainte-Anne jusqu'à son débouché dans la rue Saint-Maur, prendrait également le nom de Sainte-Anne.

Ce vocable de Sainte-Anne rappelle l'ancien ermitage, aujourd'hui transformé en ferme et construit à l'orée de la forêt de Vitrimont, au-dessus du confluent de la Meurthe et de la Vezouse.

Cet ermitage célèbre, écart de Vitrimont, dont l'histoire est bien connue de tous les lotharingistes et de tous les enfants de Lunéville, fut bâti par un militaire, officier français de cavalerie, blessé dangereusement dans une bataille en Alsace au XVIIᵉ siècle. Cet officier ayant échappé à la mort, acheta une petite maison dite la maison Alba, bâtie au confluent, la transforma en ermitage sous le vocable de Sainte Anne et y vécut en ermite sous le nom de frère Michel Legrand. Il mourut en 1710, à l'âge de cent ans.

De nombreux ermites vinrent s'y fixer au XVIIIᵉ siècle. Le plus illustre habitant de Sainte-Anne, qui agrandit considérablement le domaine et les maisons des ermites, fut le fameux Valentin Jamerai-Duval, simple bouvier, devenu, à la suite d'aventures très curieuses, un numismate de premier ordre et bibliothécaire impérial à Vienne.

Jamerai était né en 1695 à Arthonnay, en Champagne (et non près de Mirecourt) ; il mourut à Vienne (Autriche) en 1775. Il a laissé de nombreux ouvrages, enrichis de précieuses gravures et des *Mémoires* du plus haut intérêt.

Lire sa *Vie*, par Aug. Digot : *Notice biographique et littéraire sur Valentin Jamerai-Duval*. 1847 ; — les *Œuvres* de J. Duval (lettres, mémoires, travaux littéraires).

Jules Renauld : *Les ermitages de Messein et de Laneuveville*, 1882, Glatz : *Duval*, histoire véritable racontée aux enfants, 1852 — et toutes les histoires de Léopold.

* *
*

Une visite à Sainte-Anne est une des plus délicieuses excursions à faire aux environs de Lunéville.

Le site est charmant entre tous, et de la terrasse des anciens ermites, on jouit d'une vue superbe sur la double vallée et la chaîne des Vosges.

A l'entrée, on remarque une borne, portant gravé le Tau des ermites de Saint-Antoine, et de l'autre côté un D.

Une petite porte ronde introduit dans la grande cour. Sur le cintre, on lit encore : *Sainte Grande Mère de Jésus, prie pour nous, 1667.*

La demeure des ermites est encore presque intacte, avec ses belles salles, sa cuisine à la taque armoriée, ses caves immenses et ses vastes greniers.

On conserve dans la grande chambre trois objets précieux qui seraient une heureuse fortune pour le Musée historique de Lunéville : la clochette des ermites au son mélodieux avec son mouton tout usé, un christ en argent, provenant de la famille du père Jandel, général des Dominicains, et un magnifique portrait au fusain de ce dernier, encore tout jeune abbé. Ce portrait, de toute beauté, est signé Galland, 1829. Nous le recommandons aux membres de la famille de l'illustre lunévillois.

L'ancienne chapelle des ermites de Sainte-Anne existe encore avec ses quatre fenêtres cintrées qu'on a bouchées, la sacristie, et sa curieuse toiture.

Au milieu de la nef, à droite, dans un encadrement de pierre, on lit cette longue inscription, que nous croyons inédite :

« † Son Altesse Charles 4 d'heureuse mémoëre a permis de construire ce lieu du 4 nov. 1666. †.

† Monseigneur de Bissy, evesque et conte de Toul, a ordonné dexposer cette pierre du 10 avril 1697. †.

† Frère Michel Legrand, premier hermite et fondateur des hermitages de Ste-Anne et de St-Joseph de Messin, laisse à perpétuité ces dits lieus aux hermites de St-Antoine, à charge qu'ils observeront l'institut de St-Antoine approuvé par deus ordinaires pour ces maisons du 30 janvier 1670 et du 7 octobre 1677, à charge qu'ils feront annuellement célébrer une messe au jour du descez du dit frère, de plus luy diront tous les jours un *De profundis* pour le repos de son âme — une messe basse pour défunt Nicolas Pagelle et sa famille qui ont fait du bien dans ce lieu — une autre pour Nicolas Vanier et Les.... qui a donné un pré dans ce lieu — une autre pour les frères observant l'Institut, qui ont travaillé à auquementer ces lieux.

Ces messes sont de *Requiem* et sont perpétuelles. Pries Dieu qu'ille repose les âmes de tous les bienfaiteurs de ce lieu. »

Sur une porte de l'ermitage donnant sur la prairie qui descend à la Vezouse, on voit la date de 1734.

Et voilà Sainte-Anne, où se tient la fête patronale, si populaire à Lunéville et dans toute la région.

Chemin de Sainte-Anne.

Du moulin de Xerbéviller à l'ancien ermitage de Sainte-Anne, écart de Vitrimont.

Ce chemin conduit directement à l'ancien ermitage de Sainte-Anne, devenu une simple maison de ferme et à la guinguette, établie un peu plus bas.

En 1901, M. Bastien, libraire à Lunéville, a publié une jolie série de cartes postales illustrées des environs de notre cité ; l'une d'elles est une vue très pittoresque de la guinguette de Sainte-Anne.

Le même éditeur avait déja publié en cartes postales, outre les vues de Lunéville, quelques-unes des rarissimes eaux-fortes illustrant les œuvres de Jamerai-Duval.

Chemin de l'ancien pont des carrières de Sainte-Anne.

Du chemin des Porches à la Vezouse.

Le plâtre des carrières des environs de Lunéville était jadis · très renommé. Le terrain de toute la contrée est le *muschelkalk,* pierre à chaux remplie de coquillages préhistoriques.

Voir à ce sujet les savantes études géologiques de M. Le Brun et de Gaillardot.

Il y avait à Sainte-Anne, au ban de Deuxville, une carrière excellente de pierres à paver, qui a été remplacée par celles de Mont et de Xermaménil.

Sentier de Sainte-Anne.

Du pont de Viller (au faubourg de Viller) en longeant la Meurthe jusqu'à son confluent avec la Vezouse.

Joli petit sentier dans les prés, le long de la Meurthe, et qui aboutit, sous Sainte-Anne, au confluent des deux rivières lunévilloises. C'est une des plus délicieuses promenades des environs de Lunéville ; c'est grand dommage qu'on ait coupé tous les arbres qui s'élevaient sur les rives du fleuve.

Rue Sainte-Elisabeth.

(*Voir rue Gambetta*).

Avant le 31 janvier 1883, la rue Gambetta s'appelait rue Sainte-Elisabeth, en souvenir de l'ancien couvent des Sœurs Grises, fondé sous le vocable de sainte Elisabeth de Hongrie, couvent qui existe encore en partie dans les dépendances de l'hôpital Saint-Jacques, le long de la rue Girardet (Bureaux des hospices).

Cette rue allait du chemin de Ménil (Girardet) à la rue Saint-Gorgon (de Moncel).

Les Sœurs Grises s'étaient établies à Lunéville sous René II en 1481 ; leur premier couvent s'élevait sur l'emplacement du théâtre actuel et sur la terrasse du château.

Léopold, en 1712, démolit ce couvent et le transféra à l'entrée du faubourg de Viller. Le bâtiment des bureaux de l'hôpital est l'ancienne chapelle du monastère, où furent inhumés de nombreux Lunévillois et d'illustres personnages.

Le rôle de ces religieuses était la visite et le soin des malades en ville.

Rue Sainte-Marie.

De la rue Germain-Charier et de la place de l'Eglise à la rue de la Commanderie et à la place Eugène-Ferry. 23 numéros.

Anciennement : rue de la Pucelle, rue des Trois-Pucelles (souvent confondue avec la petite rue Demangeot) ; en 1793, rue d'Assas.

Ce vocable fait double emploi avec ceux de place et rue Notre-Dame.

Cette rue du vieux Lunéville doit son nom aux statues de la Vierge, placées sur la façade de plusieurs maisons de la rue, notamment aux numéros 2, 5, 6 et 23.

Au n° 2, vierge placée dans une niche très élégante avec socle sculpté, palmettes, banderoles et dauphins.

Au n° 5, grande vierge peinte, à l'angle de la maison Dollé.

Au n° 6, vierge moderne dans un édicule en relief.

Au n° 23, petite niche d'angle, ogivale, avec petite vierge assise.

Dans la maison qui porte le n° 1, ancienne pharmacie du Musc, fondée en 1737 et appartenant à M. Ribierre, on voit de curieux débris d'architecture ogivale, avec croix et écussons. (Un magnifique bas-relief, provenant de cet immeuble, a été transporté par M. Charles Masson, adjoint, dans sa belle propriété du côteau de Méhon).

Dans la pharmacie, où l'on voit les noms de tous les apothicaires successifs, on conserve un mortier en bronze, pesant près de 200 kilogs, dans l'alliage duquel on aurait jeté plus de 500 fr. en pièces d'argent.

Ce mortier a la forme d'une cloche renversée ; deux anses servaient à le transporter, anses formées de deux dauphins. Sur la panse se trouvent deux écussons, soutenus par deux lions et offrant sur champ : un cerf passant.

Sur la couronne, on lit : « *J'appartient à M. Iean-Baptiste Vautier, m^t appotiquaire et à Barbe George, son épouse.* »

Tout autour de la base, on lit cette singulière devise : « *Frappe for jay bon qu.* (sic). *Fondu par J.-B. Fourno, l'an 1771.* »

Ce mortier a fait l'objet d'une intéressante communication du lieutenant Ch. Denis au congrès des Sociétés savantes de France, tenu à Nancy en avril 1901.

Au dessus de la porte du n° 18 qui sert d'école libre aux Frères des Ecoles chrétiennes, on lit sur une plaque de marbre noir : « *Fondation des Frères des Écoles chrétiennes, par Stanislas I Roy de Pologne, duc de Lorraine et de Bar.* »

Secteurs et Quartiers.

La ville de Lunéville est divisée en deux cantons, nord-est et sud-est, en huit quartiers et en sept secteurs d'incendie.

Le 1er secteur renferme St-Jacques, l'Hôtel de Ville, le Château, le Théâtre, la Sous-Préfecture, le Collège, l'Abattoir et les Halles.

Le 2e secteur renferme les faubourgs d'Einville et de Nancy, les quartiers Beauvau et La Barollière, les Cimetières, les Petits Bosquets, St-Léopold et les environs.

Le 3e secteur renferme la place du Rempart et les jardins de Viller.

Le 4e secteur renferme l'Hôpital, le Coton, la Fayen-

cerie, les Grands Moulins, St-Maur, tout Viller et le
Moulin de Xerbéviller.

Le 5e secteur renferme la Gendarmerie, les Postes,
la Gare, tout le faubourg de Ménil.

Le 6e secteur renferme le quartier des Wagons, les
Turbines, le Temple protestant, la Filature, les quartiers Diettmann, Treuille de Beaulieu et Stainville, le
château du prince Charles et le Dahomey.

Enfin le 7e secteur renferme les Bosquets, le Champ
de Mars, le quartier Clarenthal, la Ménagerie, le
Moulin Désalmes.

Le plan suivant, très simple, imaginé par M. Paul
Ferry, donne cette division en secteurs.

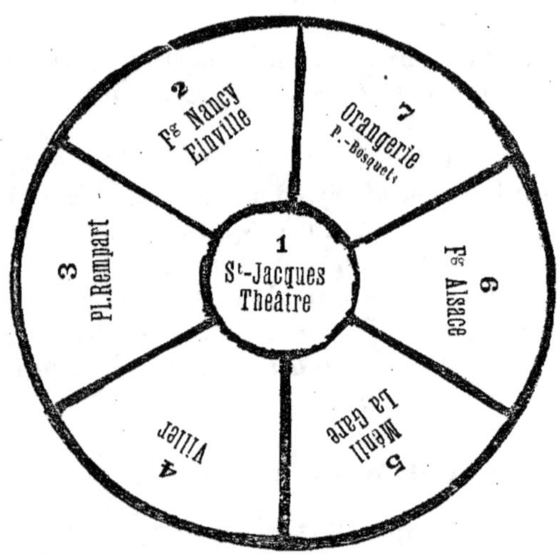

D'autre part, on a divisé la ville en huit quartiers :
1er, Château et Bosquets ; 2e, Faubourgs de Nancy et
d'Einville ; 3e, Grande-Rue et petites rues au-dessous ;
4e, Saint-Jacques et le vieux Lunéville ; 5e, place
Léopold et rues voisines ; 6e, faubourg d'Alsace, Dahomey, Gare ; 7e, Viller et Saint-Maur ; 8e, Ménil.

C'est le 11 mai 1806 que la ville fut divisée d'abord
en sept quartiers (Viller et Ménil réunis).

Aujourd'hui les désignations de quartier n'existent
plus pour les cas d'incendie ; seules, les divisions par
secteurs sont utilisées par les pompiers.

Rue Sonnini.

De la rue Trouillet au chemin de Viller à Ménil.
8 maisons.

Ancien chemin de jardinage à Viller, dénommé rue du Sud et appelé rue Sonnini le 3 novembre 1873, en l'honneur d'une célébrité lunévilloise, qui joua un certain rôle pendant la Révolution, mais qui est plus connu comme naturaliste et voyageur, ami et collaborateur de Buffon.

Sonnini a son buste et sa rue à Nancy.

Charles-Nicolas-Sigisbert Sonnini de Farnèse de Manoncourt, naquit à Lunéville le 1er février 1751, de Nicolas Sonnini, romain d'origine, conseiller du roi Stanislas et receveur des finances, seigneur du fief de Manoncourt-en-Vermois (descendant de la famille Farnèse), anobli par Stanislas le 26 janvier 1756.

A 15 ans 1/2, le jeune Sonnini était docteur en philosophie, lié avec Buffon et l'abbé Nollet ; il fut reçu avocat à Nancy le 14 novembre 1768.

Il fit ensuite de très nombreux voyages en Guyane, en Egypte, en Turquie, en Grèce, etc. Il voulait parcourir l'Afrique dans toute sa longueur. Il fut nommé juge de paix à Nancy au début de la Révolution et administrateur du département de la Meurthe.

Il parut très dévoué aux nouvelles réformes et dénonça plusieurs personnes de Lunéville. Mais il devint suspect à son tour et fut emprisonné en 1793, après avoir rédigé pendant trois ans, de 1790 à 1793, le *Journal de la Meurthe*.

Sa passion des voyages et de l'étude le sauva de la politique ; il se lia d'amitié avec le naturaliste Willemet, publia la grande édition des œuvres de Buffon, 127 volumes in-8°, de 1799 à 1808, et fut nommé principal du collège de Vienne (Isère) en 1805. Bientôt il reprend ses voyages, dans l'Archipel, en Moldavie, se fixe à Jassy, et revient mourir à Paris, le 9 mai 1812, âgé de 61 ans. Il est inhumé au Père Lachaise.

Sonnini était très généreux et d'un naturel très confiant et très doux, prêt à obliger et à rendre service ; trop bon, il fut malheureux toute sa vie, malgré de longs services peu récompensés.

Lire son *Eloge historique*, par Arsenne Thiébaut de Berneaud, 1812.

La Sous-Préfecture.

En parlant de la rue Gambetta, nous avons dit que la sous-préfecture était située au n° 20.

Ce n'est plus vrai aujourd'hui (mai 1901), car à sa session d'avril 1901, le Conseil général de Meurthe-et-Moselle a fait l'acquisition, rue d'Alsace, n° 6, d'un superbe hôtel et d'une vaste propriété l'entourant, connus à Lunéville sous le nom de château Brisac.

Le Conseil général a acheté cet immeuble à la famille Douvillé, héritière du commandant Brisac, chef du bataillon des Mobiles de la Meurthe en 1870.

La vente au département a eu lieu pour le prix de 160.000 francs et la sous-préfecture doit s'y installer — après réparations faites — le 1er janvier 1902, époque où expire le bail de la maison Marin, rue Gambetta, louée 5.000 francs par an.

*
* *

Ce n'était pas la première fois qu'il s'agissait d'acquérir un hôtel convenable pour le sous-préfet.

Déjà en 1821 et 1826, on avait essayé d'acheter l'hôtel Lejeune, n° 61 rue de Lorraine, la maison du Traité de Lunéville, et l'ancien sous-préfet Lejeune la laissait pour 40.000 francs. La ville aurait payé le tiers et le département le reste. Mais on ne put s'entendre alors.

Voici, d'après les *Annuaires* nationaux, la liste des sous-préfets de Lunéville, depuis la création des sous-préfectures le 17 février 1800 :

Le premier sous-préfet fut nommé le 4 avril 1800 ; ce fut M. Louis Lejeune père, propriétaire à Lunéville ; il resta à son poste jusqu'en 1806 et fut alors remplacé par son fils jusqu'en 1814. M. Benoist fut nommé par Louis XVIII jusqu'aux Cent-Jours où fut rétabli Lejeune fils.

Restauration (1815-1830) : MM. Val-de-Nuit (1814-1815), de Moulon (1815-1820), le chevalier Milon de Villiers (1820-1824), le baron Charles-Paul du Coëtlosquet (1824-1828), Haudry de Soucy (1828-1830.)

Sous le gouvernement de Louis-Philippe, M. Nicolas dit Saint-Dizier, resta à son poste de 1830 à 1848 et fut pendant 18 ans sous-préfet de Lunéville.

A la Révolution de 1848, il y eut comme sous-préfets provisoires, MM. Cosson et Ferry, puis le 7 mars 1848, M. Viox, et le 23 avril, M. Vincenot.

2e République (1848-1852) : MM. Génin (1849-1850), de Fonbrune (1850-1851), Génin (1851-1852.)

Second Empire (1852-1870) : MM. Génin (1851-1856), le baron de Vaux (1856-1860), de Fonbrune (1860-1865), Larréguy de Cyvrieux (1865-1867), Bourdon (1867-1870.)

M. Bourdon, sous-préfet impérial, quitta Lunéville le 12 août 1870.

3e République (1870-1901) : MM. Parisot, nommé le 11 octobre 1870, maintenu officiellement le 21 avril 1871. Bourdon (1872), Cte de Belleval (1873), Lambert (1874), de Barillon (1875), de Larigaudie (1876), Le Jouteux (1877), Pointu (1878), Gellion-Danglar (1879), Javal (1880), Lafargue (1881-1885), Sainsère (1886-1887), Godefroy (1887-1889), Bancelin (1890), Pizot (1890-1894), Cruchon (1894-1897), Combes (1898-1900), de Cailleux (1900).

Place Stanislas.

Entre le Château et les rues de la Reine et du Château. 16 numéros.

Anciennement : place de la Reine, petite place de la Cour, petite place de la République en 1793.

Nommée en 1859 place Stanislas pour rappeler le glorieux souvenir de Stanislas Leckzinski, roi de Pologne, duc de Lorraine et de Bar, l'un des plus grands bienfaiteurs de Lunéville, qui habita le château de Léopold, richement décoré et agrandi par lui, de 1737 à 1766.

Nous ne pouvons refaire ici la biographie si connue de l'illustre roi de Pologne, devenu habitant de Lunéville pendant trente ans. Stanislas nous est surtout cher par sa bienfaisance, son amour des beaux-arts et les magnifiques monuments qu'il a laissés à Lunéville et à Nancy.

Il naquit le 21 octobre 1677 à Lemberg (Cracovie), vint à Lunéville le 3 avril 1737, et mourut au château de Lunéville, le 23 février 1766. Il fut inhumé dans l'église de Bonsecours, à Nancy, qu'il avait fait bâtir ; on y admire encore son superbe tombeau en marbre blanc et noir.

C'est à Stanislas que Lunéville a dû sa plus belle période de splendeur. Sa *Cour* était un lieu de délices pour les savants, les poëtes, les artistes et les belles dames de la noblesse.

Stanislas a sa statue monumentale à Nancy, sur la

belle place qui porte son nom, statue érigée en 1831 par toute la Lorraine reconnaissante. Il serait désirable, à tous égards, que l'on pût ériger quelque jour, à l'entrée des Bosquets, faisant face au Château, les deux bustes de Léopold et de Stanislas, qui firent tant pour Lunéville de 1698 à 1766.

Ces deux bustes se feraient pendant au milieu d'un parterre de fleurs, dans les deux premiers carrés des Bosquets. Ils coûteraient relativement peu cher (1,000 fr. chaque), puisque les modèles de ces bustes existent à Nancy, celui de Léopold, rue Saint-Dizier, et celui de Stanislas, au Séminaire et à la Bibliothèque publique.

Les ouvrages historiques abondent sur Stanislas et son époque. Ceux qui intéressent surtout Lunéville, sont : P. Boyé : *La Cour de Stanislas, les derniers moments de Stanislas ;* d'Almbert : *La Cour de Stanislas à Lunéville ;* Ch. Denis : *Actes de l'Etat-Civil ;* Mme des Réaulx : *Stanislas et Marie Leckzinska ;* Lepage : *Les caveaux de Bonsecours ;* Auguin : *La Lorraine illustrée ;* Abbé Jérôme : *Notice sur Bonsecours ;* Baumont : *Histoire de Lunéville ;* Héré : *Recueil des Châteaux, Recueil des fondations de Stanislas ;* Jean Lamour : *Œuvres de serrurerie ;* et les ouvrages de MM. Benoît, Joly, Delard, Marchal et Guerrier, sur l'histoire de Lunéville et de son merveilleux Château.

Rue Stanislas.

De la place du Château à la place Stanislas. 24 numéros.

Anciennement : rue de la Chapelle, rue des Ecuries, rue du Haut-Boîteux, rue du Pont Rouge, rue des Montagnards en 1793, rue du Haut Poiteux en 1830.

Le *haut poiteux* ou haut poteau, était le pilori où l'on exposait les criminels à la vue de tous.

Le *pont rouge* était un simple couloir peint en rouge qui conduisait, par dessus la rue du Château, aux cuisines du prince de Beauvau.

Le nom de rue Stanislas fait double emploi ici. On pourrait l'appeler rue de Beauvau ou rue de Boufflers. Les vocables militaires ne manquent pas, en choisissant des illustrations de l'époque de Stanislas ou de Léopold.

C'est dans cette rue que se trouve l'entrée de la chapelle du Château, dédiée à Notre-Dame ; l'on y voit depuis 1861, une bonne copie de la Vierge de Murillo, donnée à l'abbé Duplessis par Napoléon III.

Quai de Strasbourg.

De la rue du Vieux Chemin de Moncel (au nouveau pont du chemin de fer) à l'avenue des Vosges. 31 numéros.

Ce quai longeant la voie ferrée a été ouvert en 1873 et le 3 novembre de cette année, le Conseil municipal décida que « le chemin allant de la rue du Chaufour à la route de Schelestadt, en longeant la voie du chemin de fer de Paris à Strasbourg, prendrait le nom de cette dernière ville, perdue pour la France en 1871. »

Le nom de Strasbourg nous reste cher entre tous à Lunéville et ce vocable patriotique doit être précieusement conservé.

Rue du Temple.

De la Grande-Rue, n° 8, à la Cour Sauvage et en retour sur la rue Banaudon et le square de l'Hôtel de Ville. 12 numéros.

Anciennement : Cul de sac des Chanoines, petite rue des Chanoines, petite rue du Temple.

Beaucoup d'étrangers s'imaginent que ce vocable se rapporte au voisinage de l'église Saint-Jacques ; c'est une erreur.

Le nom de rue du Temple donné à cette rue rappelle, comme les vocables de la Commanderie et de Saint-Georges, l'ancienne Commanderie des Templiers de Lunéville.

Cette rue qui commençait à la porte Joly ou Saint-Georges (Jean Joly avait été commandeur du Temple de 1419 à 1438), conduisait directement chez les Templiers, dont elle a gardé le nom.

Pour éviter une confusion, il conviendrait mieux de l'appeler rue des Templiers, et de donner un autre vocable historique à la partie faisant face au square.

Rue Thiers.

De la rue Banaudon à la place Saint-Jacques.
10 numéros.

Anciennement : rue Neuve, rue des Bons-Enfants,
rue des Chanoines (longeant l'abbaye des Chanoines
Réguliers de Saint-Remy) ; en 1793, rue de l'Egalité ;
rue du Centre jusqu'en 1877.

Nommée rue Thiers par le conseil municipal en
l'honneur d'Adolphe Thiers, premier président de la
3e République, né le 15 avril 1797 à Marseille, mort
le 3 septembre 1877 à Saint-Germain-en-Laye, illustre
homme d'Etat, grand orateur, historien de valeur,
libérateur du territoire.

La ville de Nancy, avec les souscriptions de toute la
Lorraine, a érigé à Thiers une statue en août 1879.

Lire sur Thiers : Jules Simon, Mézières, de Rémusat.

Tivoli.

En l'année 1839, on construisit près du Champ de
Mars, à l'extrémité des Bosquets, un pavillon, café
restaurant de style fort banal, auquel on donna le nom
de Tivoli, alors très à la mode en souvenir de la jolie
ville de Tivoli, ou Tibur, en Italie, où les élégants
romains, du temps d'Auguste, avaient leurs splendides
villas (Horace, Mécène, Catulle, Salluste, Zénobie,
Properce, etc.).

Il y a eu à Paris plusieurs jardins-concerts nommés
Tivoli, très célèbres sous le Directoire et la Restaura-
tion, où affluait la fine fleur des Incroyables et des
Muscadins et des belles dégrafées de l'époque.

Rue Traversière.

De la rue Germain-Charier à la rue Stanislas.
35 numéros.

Anciennement : rue de la Sainte-Trinité, rue des
Loups, Cul de Sac Saint-André ; en 1793, rue Traver-
sière ; en 1828, rue des Loups (à cause de louveteaux
qu'on aurait trouvés un matin d'hiver dans le Cul de
Sac Saint-André, derrière les nos 4 et 6 de la rue de
Lorraine).

Le nom de rue Traversière donné à cette rue étroite, pourtant la plus peuplée de tout Lunéville, ne signifie pas grand'chose.

C'est une traverse pour piétons entre le Château et l'église, parallèle à la Grande-Rue et à la rue du Château, la première souvent encombrée de voitures, et la seconde, réservée aux gens du Château.

Autrefois on disait les chemins de traverse, le travers de la ville, le fossé traversin, la rue traversaine, la fenêtre traversière, les traversiers, etc.

Sentier du Trou du Cochon.

Du chemin de Xerbéviller à la prairie de la Vezouse, derrière Viller.

Ce sentier débouche près du gué de la Vezouse, menant à la grande île et va se perdre dans les prés et les enclos de jardinage.

En 1338, Burnique de Ristes, héritier des comtes de Lunéville, abandonne au duc Raoul ce qu'ils possédaient « ès chastel de Lunéville, ès fossés du dit chastel, ès maisons et édifices et un colombier... un moulin dessous ledit chastel, un meix, un jardin, un pré et un *saulcis*, dessous ledit chastel, entre les deux eaux. »

Rue Trouillet.

De la rue de Viller, n° 87, à la rue des Grands-Moulins. 8 numéros.

Ancienne petite ruelle, élargie en 1859-60 par le curé Trouillet, pour la construction de l'école des garçons, dirigée par les frères, et des hôtels Sainte-Anne et Saint-Martin, destinés primitivement à recueillir des pensionnaires des deux sexes, âgés et infirmes.

Un arrêté municipal a justement donné le nom de rue Trouillet à cette voie du quartier de Viller.

En l'honneur d'une des illustrations religieuses les plus populaires de Lunéville et de toute la Lorraine, le plus grand maçon de la chrétienté, Mgr Joseph Trouillet, né à Lixheim en 1809, ancien vicaire de Saint-Jacques, premier curé et fondateur de la paroisse Saint-Maur, créateur de l'église et du collège ecclésiastique de Viller, devenu curé de Saint-Epvre de Nancy, le 11 février 1865, mort le 18 mars 1887, prélat de la maison du pape.

Le légendaire curé Trouillet qui semait les millions recueillis par son zèle habile, en pierres de taille et en églises, par toute la Lorraine, l'Alsace et les pays voisins, restera la plus curieuse figure du clergé lorrain au XIXe siècle.

Ses dernières années furent abreuvées de douleurs de tout genre.

Après sa mort, on lui a élevé une statue à Nancy (il y a aussi une rue Trouillet près de Saint-Epvre), un monument à Saint-Maur et au collège de la rue de Viller.

Sa *Vie* a été écrite par Henry Arsac. (Elle est restée manuscrite jusqu'à ce jour.)

Lire : *Mgr Trouillet, sa vie et ses œuvres ; Les Noces d'or de Mgr Trouillet,* par Louis Colin ; *Souvenir,* par L. Brave, et surtout l'admirable *Monographie de la Basilique Saint-Epvre,* par le Père Eugène, trappiste des Neiges, ouvrage grand in-folio avec un splendide album de planches en couleur.

Chemin des Troupes.

Sur le chemin de Sainte-Anne à la sortie du Moulin de Plâtre, vers la forêt de Vitrimont.

Appelé aussi chemin du Haut-Potier dans les anciens plans, les actes administratifs et les minutes des notaires.

Quai des Vaches.

Du chemin de la Prairie (à Ménil) à la prairie de la Meurthe, par le Gué des Vaches.

Passage des bestiaux de Ménil pour se rendre dans les prés avoisinant la rivière.

Chemin de Vexofontaine.

Du pont de Viller à la ferme de Chaufontaine ou Vexofontaine, à 1 kilomètre de Lunéville.

Cet antique vocable (Grangia de Fontanà ou Xofontaine) rappelle un des souvenirs les plus intéressants du vieux Lunéville, l'ancienne fontaine des Druides qui guérissait de la fièvre, plus tard consacrée à la Vierge, sous le titre de Notre-Dame de Chaufontaine. Cette source miraculeuse (qui coule toujours devant la balustrade de la maison Vonderheyden) était devenue le centre d'un important pèlerinage à Notre-Dame.

Chaufontaine était jadis un hôpital avec chapelle de refuge pour les lépreux ; puis une église fut construite auprès de la source merveilleuse, église très fréquentée.

Avant la Révolution, on voyait encore une image de la Vierge dans une niche, et les dévots y venaient de tout Lunéville, à certains jours de fête.

La première route créée en Lorraine par Léopold, fut le chemin de Vexofontaine, établi en 1720, en passant sur le fameux pont de Laxatte aux si curieuses légendes.

La statue de Notre-Dame de Chaufontaine fut brisée en 1793 ; on a rétabli au pied du bâtiment principal de Chaufontaine un petit édicule en pierre, où on a placé une Madone et diverses statuettes au-dessus de la fontaine très limpide et très abondante.

Sur Vexofontaine, lire : Joly, son travail sur Viller, et Lepage, au mot Chaufontaine.

Ruelle de la Vezouse.

De la rue Sainte-Anne à la rue de l'Abattoir et à la Vezouse.

Ancienne ruelle du Pré-aux-Ours, menant directement depuis Viller à la rivière de Vezouse, à sa sortie de la ville.

La Vezouse ou Haute-Seille a porté les noms suivants : En 816, fluvius Vizuzia ; en 1157, Viososa ; en 1301, Vernise et Vernize ; en 1336, Veososa ; en 1342, Vyzuse ; en 1350, Vezuse ; en 1352, Vezuze.

Ses principaux apports, ruisseaux ou riviérettes, sont : le ruisseau des Abouts, le ruisseau d'Albe, les Amis, l'Aveline, le Brasseux, le ruisseau de l'Etang-Bristard, le ruisseau du Brochet à Croismare, le ruisseau de Châtillon, le Chazal, le Danube, le ruisseau de l'Etang et de Laneuveville-aux-Bois, le rupt de Gogney, le Gresson, l'Herbas, le Richeval, à Blâmont (11 kil.), la Blette (23 kil.), la Verdurette, à

Herbéviller (20 kil.), le Vacon (13 kil.), le ruisseau du Vicaire et le Xadrexé, le rupt d'Amenoncourt, le Leintrey, etc.

La Vezouse, au cours de 84 kilomètres (dont 68 flottables depuis Cirey), est formée de deux ruisseaux, Vezouse du Val et Vezouse de Châtillon, qui se réunissent au milieu de la jolie bourgade de Cirey, à 300 mètres d'altitude après un cours de 15 kilomètres chacun.

En quittant Cirey, la Vezouse passe devant les ruines de l'abbaye de Haute-Seille ; elle croise le chemin de fer d'Avricourt à Cirey, baigne la ville de Blâmont, reçoit le Vacon, arrose Domèvre et Saint-Martin, Fréménil et Bénaménil, Domjevin et Thiébeauménil, Marainviller et Croismare, Chanteheux et Jolivet.

La Vezouse frôle le massif que couvre la forêt de Parroy et enveloppe Lunéville au nord-ouest ; elle se réunit à la Meurthe, sous Sainte-Anne, à 225 mètres d'altitude, après avoir arrosé un bassin de 525 kil. carrés.

La Vezouse borde le bassin de la Meurthe au nord ; elle coule de l'est à l'ouest, et se trouve bordée, surtout à sa droite, par des côteaux de 100 mètres d'altitude, cultivés en grains sur leur pente, et généralement couverts de forêts sur les cîmes.

Elle serpente dans un vallon circulaire et sablonneux, qu'elle arrose et fertilise, et dont la largeur varie de 100 à 600 mètres.

Ses eaux, un peu terreuses, coulent sur un lit de sable de 10 à 20 mètres de largeur, et dont les bords n'excèdent pas d'un mètre la hauteur de leur niveau moyen ; de sorte que, dans les crues, qui n'ont rien de régulier, elles couvrent des parties considérables du vallon qu'elles traversent.

On sait les importants travaux que Stanislas fit accomplir dans la Vezouse, tout le long des Bosquets et du Château.

Dans son dernier volume, Onésime Reclus parle ainsi de notre Vezouse lunévilloise :

« La Vezouse, née du grès des Vosges, est flotteuse de sapins, scieuse de bois, animeuse d'usines ; elle a sa fin par 295 mètres dans la banlieue de Lunéville, après 20 lieues de virevoltes dans de larges prairies dont fait son profit la cavalerie des nombreux escadrons lunévillois ; ses 52,500 hectares lui valent une portée coutumière de 5 mètres cubes, mais l'étiage est faible. »

Place Victor Hugo.

Place nouvelle en création à l'intersection des rues Pasteur et Jeanne d'Arc, dans le quartier bizarrement dénommé Le Dahomey, à Charles-Vue, et créé par arrêté municipal le 21 août 1885.

Cette place nouvelle a été nommée place Victor Hugo, le 4 juillet 1899, pour honorer la glorieuse mémoire du grand poète français, né d'un père lorrain, Victor Hugo, né à Besançon le 26 février 1802, mort à Paris le 22 mai 1885. Il est inutile de faire ici la biographie si connue de l'illustre poète, dont les œuvres géniales, prose, vers, théâtre, drames et romans, sont entre toutes les mains.

La maison Hetzel et Quantin a publié les *Œuvres complètes* de Victor Hugo, en 48 volumes in-8°, à 7 fr. 50, et en une édition *ne varietur* à 2 francs le volume, 70 volumes in-12.

Rue de la Vieille-Muraille.

De la rue de la Charité à la place de la Comédie. 11 numéros.

En souvenir de l'enceinte primitive qui entourait le vieux Lunéville et qui passait en cet endroit, pour rejoindre la tour Blampain.

En 1585, un impôt sur le vin, dit la *gabelle du vin*, fut levé pour être affecté aux réparations des tours, portes, ponts et murailles de Lunéville.

La nouvelle enceinte fut construite sous le règne de Charles III, de 1589 à 1596, sur les plans du capitaine Nicolao, et par les soins de Jean Millet, entrepreneur à Einville.

La tour Blampain existe encore en partie au fond de l'impasse de l'école du Centre ; elle fut ainsi nommée d'un certain Blampain, contrôleur de la bouche de Léopold ; elle fut ensuite la prison de ville. En 1749, la tour Blampain fut vendue à Sébastien Rousselot pour 156 livres.

De cette tour, la *vieille muraille* allait rejoindre la tour du château, disparue sous la terrasse actuelle.

Ruelle des Vieux-Fossés.

De la rue d'Alsace, nᵒ 20, à la rue Rivolet, face à la gare. 18 numéros.

Ancien lieudit les Vieux-Fossés, simple sentier ou ruelle, allant des remparts de Lunéville à la Meurthe, par les fossés qui entouraient les fortifications de la ville au XVIIᵉ siècle.

Rue de Villebois-Mareuil.

(*Voir rue du Champ de Mars*).

De la rue des Bosquets à la route de Blâmont au terminus de l'avenue Voltaire. 60 numéros.

Anciennement : Faubourg d'Allemagne, chemin de Strasbourg, chemin des Fours, rue du Champ de Mars, avenue du Champ de Mars.

Ainsi nommée en 1900 pour honorer la mémoire d'un héros français de la guerre du Transwaal contre l'Angleterre, le colonel de Villebois-Mareuil.

Ce vaillant soldat, dont la mort héroïque souleva une émotion générale en France et à l'étranger, était né le 22 mars 1847 : il était colonel du 67ᵉ de ligne quand il prit sa retraite en 1897. En 1899, il va offrir son épée aux Boers luttant pour leur indépendance ; le président Krüger le nomme général, et il combat à Spion-Kop, à Ladysmith, à Kimberley, etc.

Cependant lord Roberts enveloppe l'armée du général Kronje et Georges de Villebois-Mareuil part avec une poignée de 70 braves. Un guide l'égare en pleines lignes ennemies. Lord Methuen s'avance avec 2,000 anglais, 4 canons, 2 mitrailleuses. La lutte dure quatre heures ; les anglais ne sont plus qu'à 25 mètres ; Villebois-Mareuil tombe frappé d'une balle en plein cœur, à Boshof (Orange), le 5 avril 1900.

En 1901, un monument lui a été élevé à Nantes, et un autre au collège des Jésuites de Vaugirard, à Paris, dont le comte de Villebois-Mareuil avait été l'élève.

Chemin de Viller à Ménil.

(Voir chemin de Ménil à Viller)

De la rue Saint-Maur à l'ancien hameau de Ménil.

Faubourg de Viller.

De la rue Saint-Maur au pont de Viller sur la Meurthe. 46 numéros.

En souvenir de l'ancien village ou hameau de Viller, longtemps indépendant de la commune de Lunéville, et qui lui fut rattaché par la longue rue de Viller.

Viller, *villare*, est un nom propre, signifiant hameau (de villare, villa), ferme, métairie, cense ou borde isolée dans la campagne. Autour de cette ferme vinrent se grouper d'autres habitations, formant un véritable hameau, centre d'une importante exploitation agricole, près du confluent de la Meurthe et de la Vezouse.

Il y avait au temps de la domination romaine en Gaule, trois sortes de *villas : urbana*, pour les maîtres, *agraria,* pour les esclaves et les bestiaux, *fructuaria*, pour les greniers, celliers et engrangements. Le régisseur était nommé *villicus*.

Viller, comme hameau isolé, remonte donc très haut. En 1157, on le voit cité dans un titre de Belchamp sous le nom de Alodium (alleu) de Villare ; en 1273, c'est le Mostier de Villers.

En 1265, parmi les hameaux ou villages suivant les droits et usages de la loi de Beaumont avec Lunéville, on trouve Viller, Ménil, Huviller, Moncel et Rehainviller.

Au XIIIe siècle, le hameau de Viller fut rattaché à la place-forte de Lunéville, communauté et paroisse ; mais il en fut séparé sous le duc Jean Ier en 1350.

On sait que le 5 juillet 1406, le duc de Lorraine, Charles II, et Marguerite de Bavière, son épouse, fondèrent à Viller un hôpital sous le vocable de Saint-Maur des Fossés, confirmé par l'évêque de Toul, Philippe de Ville « au lieu dit en la ville de Villers-lès-Lunéville. »

La chapelle de cet hôpital, agrandie en 1630 et 1756, servit de paroisse à Viller jusqu'à la Révolution ; l'hôpital lui-même devint commun à Viller et à Lunéville. A côté de la chapelle, se trouvait le cimetière de Viller, où beaucoup de bourgeois reçurent la sépulture.

Les gens du hameau de Viller avaient, de toute antiquité, droit de bourgeoisie à Lunéville, et réciproquement.

Viller, devenu faubourg de Lunéville, comme l'ancien fief de Ménil, et peuplé d'artisans et de jardiniers, fut définitivement rattaché à la ville sous le duc Léopold, et, successivement, des maisons se bâtirent le long de la route qui menait à l'antique hameau.

Le faubourg de Viller se terminait par deux ponts jetés sur la Meurthe, l'un datant de 1596, et reconstruit en 1760 et 1847, l'autre de 1756. Il y a encore près du chemin de fer un petit pont datant de 1810.

Le vieux pont de Viller aux trois arches remplaça un bac très ancien ; déjà en 1323, Charles de Lunéville déclare qu'il tient en fief le passage de la nef de Viller-lès-Lunéville, sa vie durante, pour 60 soudées de terre à toulois. On peut lire encore sur le parapet de ce pont : 1596, I.B I.D. (Certains auteurs traduisent Jean-Baptiste d'Estabili, ingénieur ducal).

Sur *Viller*, lire : Dom Calmet : *Notice de la Lorraine ;* — H. Lepage : *Statistique et Communes de la Meurthe*, et surtout Joly : *Notice historique sur Viller-lès-Lunéville, aujourd'hui faubourg de Viller.* Lunéville, 1867, br. in-12 de 68 pages.

Rue de Viller.

De la rue Castara à la rue Saint-Maur. 148 numéros.

Autrefois : rue Saint-Antoine de Padoue ; en 1793, rue Guillaume Tell.

Ce vocable rappelle simplement la grande route qui des fortifications de Lunéville, menait directement au hameau de Viller, bâti au tournant de la Meurthe.

On appela quelque temps cette longue rue, rue Saint-Antoine de Padoue, à cause du voisinage des Sœurs-Grises, établies à l'entrée de l'impase de l'hôpital.

Ce fut à l'époque de Léopold et sous Stanislas que la rue de Viller se borda de belles maisons, à peu près sans interruption. Le XVIIIe siècle fut donc pour Viller la véritable époque de transformation et de prospérité, avec le *Coton*, la *Manufacture* de Chambrette.

Dès l'année 1720, le duc Léopold promettait des avantages à tous ceux qui bâtiraient des maisons sur le chemin allant de Lunéville au hameau de Viller. Le ruisseau qui traversait la route, se dirigeant vers la Vezouse, fut voûté jusqu'aux fossés des ruelles Sainte-Anne, et la chaussée devint l'une des plus belles de la ville.

Pour écrire l'histoire de la rue de Viller, il faudrait presque prendre les maisons l'une après l'autre.

Résumons cependant ce qu'il y a de plus intéressant à glaner dans cette rue :

Au n⁰ 30, mourut le dernier abbé de Beaupré, Dom Màlin, en 1809.

Le n⁰ 36 a été habité par l'immortel curé Trouillet, au début de la fondation de la paroisse Saint-Maur.

Au n⁰ 69, habita longtemps le célèbre Belprey, architecte et graveur célèbre. Ce fut aussi quelque temps le presbytère de Saint-Maur.

Au n⁰ 44 est établie une école communale de filles, accompagnée d'une école maternelle. Une autre école, au quartier des Maisonnettes est en construction dans ce qui fut une ancienne fayencerie de poteries brunes. Une rue nouvelle — c'est le cas où jamais de l'appeler *rue Jacques Chambrette*, devra relier la nouvelle école de Viller à la grande rue de Viller.

Le Magasin à fourrages, au n⁰ 51 fut construit en 1723, aux frais de la ville, pour 46.666 livres afin d'y placer les fourrages et l'avoine nécessaires aux écuries du duc Léopold, et plus tard du roi Stanislas.

* * *

Le Coton, n⁰ 53 (hospice des orphelins et des vieillards), a été fondé en 1759 par l'abbé de Bellaire, qui apporta de Toul l'idée d'un ouvroir de *fileuses de coton*, pareil à celui que venait d'établir son frère, curé de Saint-Léon, à Toul, pour recueillir les orphelines pauvres.

Le *Coton* de Lunéville fut d'abord installé par son fondateur (*voir rue des Orphelins*) près des glacières, au faubourg d'Einville, puis rue de la Trinité, puis rue Chanzy, et enfin le 22 juin 1764 dans la rue de Viller.

En 1816, le curé Renard le rétablit avec maison de vieillards. Cet établissement charitable fut reconnu par l'Etat en 1831. La chapelle, où repose l'abbé Renard (*voir ce nom*), fut construite en 1850 et dédiée à l'apôtre de la charité en Lorraine, saint Vincent de Paul.

Elle est l'œuvre de l'architecte Jeanmaire et a coûté 30.000 francs. On y remarque un beau tableau d'après Prudhon : *Le Christ en croix.*

En 1855, on construisit le bâtiment des hommes et en 1856 celui des femmes, pour la somme de 100.000 fr.

Le *Coton* longe la ruelle de la Fayencerie, appelée quelquefois ruelle du Moulin.

Au n° 53, se trouve l'entrée de la petite ruelle qui donne accès à la vaste fayencerie de Lunéville, appartenant à MM. Keller et Guérin, fayencerie dont les produits sont célèbres dans le monde entier et qui fut fondée en 1730 par Jacques Chambrette. Elle fut rachetée en 1788 à ses héritiers par MM. Keller et Cuny, et depuis cette époque, elle s'est développée dans des proportions considérables.

* *

Au n° 64 et sur l'emplacement des nos 66, 68, 70 et 72, s'élèvent depuis 1867, les vastes bâtiments de l'Institution Saint-Pierre Fourier, vulgairement appelée Pensionnat Trouillet ou **Collège Saint-Maur,** et dirigée, depuis sa fondation par le curé Trouillet en 1863 par 25 ecclésiastiques, prêtres du diocèse, ayant eu comme supérieurs les chanoines Trup (1863-1867), Husson (1867-1872) et Messin (1872-1901).

Ce collège libre d'instruction secondaire classique et moderne, fut d'abord établi au n° 35 ; en 1867, on commença les bâtiments actuels, qui s'étendent rue de Viller et rue des Prés, et qui furent seulement terminés, avec la chapelle, en 1885. Dans le vestibule d'honneur, on remarque le buste du prélat-fondateur, le curé Trouillet.

L'établissement possède deux fort jolies chapelles ; la plus importante, avec coupoles byzantines et clocher, est l'œuvre de l'architecte Arendt.

Elle est ornée en partie d'agréables peintures et motifs de décoration dus au pinceau de M. Mansion ; les autels ét le mobilier sont du sculpteur bien connu Klem.

On y remarque une châsse en cuivre doré, renfermant le corps en cire d'un jeune martyr, saint Candide, esclave romain. Cette représentation est un chef d'œuvre de réalisme ; c'était un des morceaux les plus appréciés de la chapelle palatine de Gerbéviller. Le marquis de Lambertye a offert au collège Saint-Maur en 1900 cette châsse et ce jeune martyr.

Nous devons signaler à l'attention des lunévillois les souvenirs très nombreux de Nicolas Cobus, peintre et professeur de dessin (1806-1879), conservés dans cet établissement, par suite du legs de leur auteur.

Nicolas Cobus qui fut un homme de valeur et de grand talent a laissé des centaines de dessins, d'aquarelles et de reproductions de mérite réel. Le pensionnat Saint-Maur les conserve précieusement... mais il a fait généreusement l'abandon, au profit du Musée de Lunéville, d'une douzaine d'œuvres très remarquables, demandées par M. Ribierre.

Nous signalerons enfin dans cet établissement, plusieurs belles statues d'Arthur Pierron, un splendide cabinet de physique et un musée intéressant, constructions, ornithologie, minéralogie, etc.

L'étranger qui visite ce collège est également certain d'y trouver un accueil des plus aimables, qu'il ne trouve pas souvent ailleurs, dans l'Université et même dans les écoles où il a pu passer les plus belles années de sa jeunesse.

*
* *

Au n° 75, se trouve l'élégant presbytère de Saint-Maur, bâti en grès rouge en 1877.

L'église Saint-Maur occupe l'emplacement du n° 77, et l'école de garçons (fondation Demangeot) est au n° 79.

L'église succursale de Saint-Maur a été bâtie de 1850 à 1853 par les soins du curé, fondateur de la paroisse, l'abbé Joseph Trouillet, ancien vicaire de Saint-Jacques.

Le premier architecte fut notre concitoyen Joly, qui fit des plans modestes sur un devis primitif de 35.000 francs.

L'argent vint au curé-bâtisseur, et l'architecte parisien Aymar Verdier, fit les plans de l'édifice actuel, de style romano-byzantin. M. Joly conduisit les travaux ; les entrepreneurs furent Masson-père et Meisburger.

L'église Saint-Maur a coûté 120.000 francs pour le gros œuvre et plus du triple pour les ornements, les vitraux, le mobilier, etc. Elle fut bénite le 23 novembre 1854, par Mgr Menjaud, évêque de Nancy.

Tout l'intérieur est fort riche ; on doit y admirer surtout le maître-autel en pierre de Château-Landon, par Fontenelle, sculpteur à Paris ; les superbes vitraux du chœur de Didron et Claudius Lavergne, l'orgue de Merklen (1859), les belles statues de Giorné Viard, l'éminent artiste de Saint-Clément, le chemin de croix émaillé, etc.

On y remarque aussi le monument commémoratif du curé Trouillet, le fondateur, qui en 1856, donna cette église à la ville.

Les curés de Saint-Maur furent : Joseph Trouillet (1849-1865), J.-F. Bar (1865-1876), Victor Beaudoin (1876-1884), Sébastien Calot (1884-1895), Ch. Antoine Barthélemy (1895-1901), Pierre Franiatte (juin 1901.)

Ruelle derrière Viller.

De la rue Sainte-Anne, n° 11, à la rue des Prés. 4 numéros.

Cette étroite ruelle doit être considérablement élargie.

Ainsi nommée officiellement le 3 novembre 1873 : la ruelle partant de l'extrémité de la rue Sainte-Anne et se dirigeant vers la rue de Viller, prendra le nom de Ruelle derrière Viller.

C'était jadis dans ces parages qu'était le fameux *cougnat* de Viller, sorte de caravansérail ou Cour des miracles s'étendant jusqu'au pré aux Ours et au pied des remparts de la ville, et où se donnaient rendez-vous tous les malandrins, gueux, coupe-jarrets, tire-laine, pauvres honteux, vagabonds de tous les pays, misérables camps-volants qui étaient la terreur de nos pères et que notre illustre Callot a si bien portraicturés dans ses *Gueux*, ses *Bohémiens* et ses *Misères de la Guerre*.

Le 4 juin 1901, le Conseil municipal a approuvé les

nouveaux plans d'alignement de la ruelle derrière Viller et des rues de la Meurthe, de l'Abbé Jérôme, des Jardiniers, Cifflé et de la ruelle de la Vezouse.

Avenue Voltaire.

De la rue d'Alsace, n° 125 (à la hauteur de l'avenue des Vosges), à la route de Blâmont au-delà du Champ de Mars et des casernes. 58 numéros.

Ainsi nommée en l'honneur de François-Marie Arouet le Jeune, dit Voltaire, né à Châtenay, près de Sceaux, le 20 février 1694, mort à Paris le 30 mai 1778, poëte épique, tragique, lyrique, badin, prosateur en tous genres : lettres, histoire, critique, roman, drame, philosophie, etc.

Voltaire restera l'un des plus grands écrivains français et l'un des hommes ayant exercé une influence prodigieuse sur les esprits de tous les pays.

Les œuvres du patriarche de Cirey et de Ferney comprennent 70 volumes in 8.

M. Georges Bengesco a publié en 4 gros volumes in-8, de 1882 à 1890, la *Bibliographie complète* des Œuvres de Voltaire.

On y voit que de 1714 à 1778, Voltaire n'a pas publié moins de 350 écrits en prose : ouvrages historiques, littéraires, philosophiques, polémiques, scientifiques, etc.

La plus célèbre édition des *Œuvres* de Voltaire est l'édition dite de Kehl, en 70 volumes in-8 ou 92 volumes in-12, avec figures, 1784 à 1789, éditée par l'écrivain Beaumarchais.

Il faut citer aussi l'édition Didot, par Beuchot, en 70 volumes, 1840, l'édition Carez, à Nancy, en 60 volumes in-18, 1820, l'édition Garnier, à Paris, par Louis Moland, en 50 volumes, 1877-1883.

Voltaire vint plusieurs fois à Lunéville, où il fut l'hôte du roi Stanislas, en 1748 et 1749. Son appartement au Château est situé au 1er étage, à l'angle du pavillon royal, sur la terrasse.

Cifflé a fait le buste du célèbre écrivain.

Sur les divers séjours de Voltaire à Lunéville, lire : P. Boyé : *Voltaire à la Cour de Lunéville*, et d'Almbert : *La Cour du roi Stanislas*, roman historique publié dans l'*Eclaireur* en 1901.

Avenue des Vosges.

De la rue d'Alsace à la route de Lunéville à Saint-Dié et à Schelestadt. 142 numéros.

Autrefois : rue de Saint-Dié, route de Schelestadt.

A cause de la direction de cette longue avenue vers les montagnes et le département des Vosges.

Sur les Vosges, montagnes, sites fameux, villes d'eau, souvenirs historiques et artistiques, on peut lire avec fruit, outre les *Guides* habituels, la *Lorraine illustrée ; Huit jours dans les Vosges*, par E. Badel ; *Le département des Vosges*, par Léon Louis ; et surtout le magnifique ouvrage illustré : *Du Donon au Ballon d'Alsace*, par le docteur A. Fournier, de Rambervillers, superbement édité par la maison Geisler, des Châtelles, près Raon l'Etape.

Une partie des Vosges est visible de Lunéville, à certains jours, depuis le majestueux Donon qui émerge comme un géant jusqu'aux ballons étagés au-delà de Saint-Dié.

Et c'est un panorama splendide que cette ligne bleue qui ferme notre horizon au bout du Champ de Mars de Lunéville.

Cité des Wagons.

Derrière la fabrique de Wagons, établie par MM. de Dietrich, sur la route de Lunéville à Saint-Dié, en 1879. 91 numéros.

Cette cité ouvrière, appelée aussi Cité Cécile, est située derrière le chemin de fer de Lunéville à Saint-Dié.

Chemin de Xerbéviller.

De la rue Saint-Maur au moulin de Xerbéviller, sur la Vezouse, appelé souvent le Moulin de Plâtre, où l'on tourne des cailloux, du calcaire et du gypse pour la faïencerie Keller et Guérin.

C'est en 1875 que le Conseil municipal donna ce nom de Xerbéviller au chemin menant au Moulin de Plâtre, à travers un ancien pâquis communal sur les bords de la Vezouse.

La carrière de gypse la plus ancienne était située derrière le Moulin de Plâtre (au chemin dit du Haut-Potier). Le plâtre de ces antiques carrières lunévilloises a servi à la construction des remparts, du château et des édifices principaux de la ville. Ce plâtre était formé dans les immenses dépôts antédiluviens du muschelkalk que nos citoyens Gaillardot et Le Brun ont particulièrement étudié.

Outre ces carrières de plâtre de Xerbéviller, il y avait aussi celles de Léomont et de Fontenoy-la-Joûte.

LES LIEUX DITS

Outre les noms de toutes les rues et voies lunévilloises, il nous semble utile de citer ici les noms des lieux dits du ban de la ville.

Ces lieux dits ont une saveur de terroir toute particulière et il y a un certain intérêt à les grouper, à la suite de la longue nomenclature de nos chemins urbains.

N'est-ce point, du reste, l'*Académie des Inscriptions et Belles-Lettres* qui voudrait établir une enquête officielle par toute la France sur les *lieux dits* des communes ?

Si le loisir nous en est quelque jour accordé, nous ferons très volontiers ce travail pour l'arrondissement de Lunéville.

En attendant, voici les lieux dits que nous avons relevés sur le plan cadastral du ban de Lunéville, plan déjà bien vieux et qui mériterait une sérieuse réfection, au moins pour la section dite : de la Ville.

*

* *

Le territoire de Lunéville est divisé en huit grandes sections, ainsi désignées :

Section A : de Hainville.
Section B : des Vignes.
Section C : de Méhon.
Section D : vers Chanteheux.
Section E : des Bois.
Section F : Entre deux Eaux.
Section G : au Gué des Vaches.
Section H : de la Ville.

Section A : *dite de Hainville.*

On y remarque : la Grande Embannie, la Gibecière, la ferme de Hainville, Saint-Léopold, la Vigne de Baret, le Chemin de Poitier (ou du Haut-Potier), Sous

Sainte-Anne, le Rond Pré, la Croix du Singe, la Pépinière, la Maison du Diable.

Section B : *dite* des Vignes.

On y trouve : la Motte Linatte, le Grand Bordel, le Petit Bordel, le chemin sous le grand Bordel, à Devion, le chemin des Gissières, les Gissières, le chemin de la Motte Linatte, le chemin de Friscati, la Fontaine Gouvenoux, le Pré Courtois, le chemin Saint-Georges, à Saint-Georges, le Chemin creux, Derrière le cimetière, la Loge Bréjard, Sous la Loge Bréjard, les Mignonnes, la Jadine, Au-dessus de la route de Nancy, à Sainte-Cathcrine, Chemin de la Harquet ou Herquet, le Poil, le chemin de la fontaine Gouvenoux, le Pàquis Frichon, Aux Anges, Entre les Jardins et la route de Nancy, les Sauvregnattes, le Chemin de la Grande Ruelle, le chemin des Anges.

Section C : *dite* de Méhon.

Voici les principaux lieux dits de ce coteau : Pouhû, Méhon, Friscati, chemin de Méhon à Lunéville, l'Etang, le Ruisseau de la Tombe, la Grande Basse, Au-dessus du Pré Georges, Derrière Méhon, le Chemin du Haut de Samba, Les Horgues, Morteau, la Corvée Charey, la Haute Borne, la Borne tribanale, la Côte de Chirmont, le fond de Chirmont, sur la Chaussée d'Einville, Chacheuil, Les Glacières, la Pièce d'honneur (croix de mission), Derrière les Carmes, le Bourreau, le bas de Samba, le haut de Samba.

Section D : *dite* de Chanteheux.

On y trouve : La Ménagerie, les Rianois, le Champ de Mars, l'Avenue, les Terres blanches, au Champ de Mars, sur la Fosse des corps, le Château du prince Charles, les Maix Happa, les Terres Saint-Georges, sur le chemin Picard, au grand Sentier des Mossus, les Longues Rayes, sur les Mossus, l'étang des Mossus, au bouge Boulé, à Charles Vue, les Mossus, le Meix Gallois, la Fourasse.

Section E : *dite* **Les Bois.**

Ce canton renferme exclusivement les Brouines et les bois communaux de Lunéville.

Section F : *dite* **Entre Deux Eaux.**

En voici les divisions parcellaires : Au pont de bois, au Porche, au ruisseau des Minimes, les prés du grand Pont, le pré du Moulin, le Grand Moulin, sur le Gué des Vaches, au Gué des Vaches, à la Mairesse Claude, le pré Saint-Evre, le pré Batteau, le pré Maxant, le pré Haxo, le pré la Scie, la Cragne, la Grande Basse, les Grandes Fauchées, l'ancien cours de la Meurthe, sur le Pré Champagne, le Fomblot, les Grandes Saussaies, la Grande Morte, sous Ménil, la Saussaie sous Ménil, le Grand Pré, les Prés serrés, le Pont de pierre, sous la Vanne, la Borne tribanale.

Section G : *dite* **le Gué des Vaches.**

On y rencontre ces lieux dits : les Bénédictins de Ménil, derrière les Bénédictins, Fine-Farine, les Chenuts, le Jardin des Orphelins, la Grande Commanderie, le Béhé, le Champ Frère Jean, au Moulin, le Port, Ménil et derrière Ménil, les Happas, la Butte, le Gué des Vaches, la prairie des neuf maix, la Grand'corvée de Ménil.

Section H : *dite* **La Ville.**

Dans le plan parcellaire de Lunéville on trouve un certain nombre de lieux dits : sur le chemin de la Dubécet (ou Dubesset), derrière le Manège, le grand Manège, sur le chemin de la Croix de Mission, Berg-op-Zoom, le grand Bosquet, les petits Bosquets, au Point du Jour, derrière chez Glaudy, les Vieux Fossés, devant les Bénédictins de Ménil (la gare), le Jardin l'Abbé, l'Hôpital, les Capianes, l'ancien potager du Roi de Pologne, l'Orangerie, sur le chemin du Champ de Mars le Petit pré, sur le Petit pré du Moulin, la petite Commanderie, sur les ruelles Sainte-Anne, la Godha, près le Grand pont, le Haut trait, le Porche, au Pont de bois, la Barre, les Bourbiers, sur les prés du Four, les prés du Four, les Maisonnettes, Viller, le pré aux Ours, derrière la rue Hargaut, sur la ruelle Sainte-Anne

*
* *

Tels sont les principaux lieux dits de Lunéville qu'on retrouve souvent cités dans les actes notariés, les titres de propriétés, les acquêts et les ventes.

LES ENFANTS DE LUNÉVILLE

Enfin nous aurions voulu, pour terminer ce travail *hodographique*, publier une courte biographie de tous les enfants de Lunéville qui se sont rendus célèbres à un point de vue quelconque. Il y aurait eu lieu également de donner une bibliographie complète de tous les ouvrages publiés sur Lunéville. Mais ce travail, fastidieux pour le public en général, n'intéresse guère que les chercheurs, et nous savons que notre concitoyen, M. Paul Briquel, s'applique avec ardeur à cette étude ingrate et laborieuse.

Nous donnerons simplement la liste — aussi exacte que possible — de nos célébrités lunévilloises, dont les noms, au cours des besoins, pourront être attribués à des rues nouvelles par notre édilité, célébrités qui *sont nées* ou *ont vécu* ici, et dont aucune plaque de rue ne rappelle encore le souvenir.

Parmi les souverains du pays, il faut noter avant tout :

Folmar le Vieux, saint Etienne de Lunéville, anciens comtes, fondateurs et organisateurs de notre cité ; *Raoul de Lorraine,* tué à Crécy ; *René II,* le vaillant duc, vainqueur de Charles le Téméraire ; le *bon duc Antoine,* un des fervents de Lunéville ; *Henri II,* fondateur du château de 1612 ; le prince *Nicolas-François de Lorraine,* l'ancien cardinal qui se maria au château de Lunéville avec la princesse Claude et fut le père du glorieux Charles V, vainqueur des Turcs ; l'*empereur François Ier,* dernier duc de Lorraine, né à Lunéville ; son frère, le *prince Charles-Alexandre de Lorraine,* né en 1712, mort en 1780.

*
* *

Parmi nos gloires militaires, citons :

Le maréchal de France *Charles-Juste de Beauvau,* né en 1720 à Lunéville, mort à Saint-Germain-en-Laye en 1793, héros de la guerre de Sept Ans, gouverneur de Bordeaux et de Marseille, membre de l'Académie française en 1771, maréchal de France en 1784 ; le *chevalier de Boufflers*, également académicien ; — les *généraux Diettmann;* — le général *Charles Mangeot*, né en 1765 à Lunéville ; — le maréchal de *Choiseul-Stainville;* — le général *Joseph de Ferraris*, comte de l'Empire, né en 1726, mort à Vienne en 1807, ancien directeur général de l'artillerie des Pays-Bas ; — le *grenadier Charles Déloy*, héros du 37e de ligne, qui se distingua à la bataille de Füssen (23 messidor An VIII), où il chargea seul contre les batteries ennemies et s'empara d'un canon ; — le général-comte *Stanislas-Xavier de Girardin*, né en 1760 et filleul de Stanislas de Pologne, devenu successivement président de l'Assemblée législative, général et homme politique, et toujours grand orateur, mort en 1827 ; — le *maréchal-prince de Hohenlohe-Bartenstein*, un des grands bienfaiteurs de Lunéville ; — les généraux *Gusler* et *Vanson*, ce dernier fondateur du Musée de l'armée aux Invalides, etc., etc.

*
* *

De nombreux Lunévillois se sont illustrés dans toutes les carrières. Ceux dont les noms sont à retenir précieusement, sont :

Louis de Nesle, le fameux Gervais, né à Lunéville en 1702, mort à Vienne, directeur et dessinateur des jardins de l'empereur et des Bosquets de Lunéville, Haroué, Gerbéviller ; — *l'abbé Grégoire*, qui a sa statue chez nous, mais pas encore sa rue ; — le célèbre historien lorrain, *l'abbé Chatrian*, né et mort à Lunéville, auteur de plus de cent ouvrages qui sont une mine féconde pour les historiens de la Révolution ; — *Charles Herbel*, fameux peintre d'histoire, au château de Lunéville ; — *Antoine Guerrier*, professeur, né en 1761 à Lunéville, l'un des premiers historiens de sa ville natale ; — *Benoît Mathis*, élève de Guibal, sculpteur de mérite, auteur de nombreux travaux artistiques à Senones et Saint-Dié ; — *Boulet de Monvel*, acteur bien connu, membre de l'Institut, auteur dramatique très fécond, né à Lunéville en 1745 ; — *Nicolas Ferry* ou *Bébé*, le gentil nain légendaire de Stanislas, né à Plaine en 1741, mort et enterré à Lunéville en 1764 ; — la tant vantée et chantée *marquise du Châtelet* (1705-1749), la divine Emilie de Voltaire et du poëte lorrain *Jean-François de Saint-Lambert*, garde du corps de Stanislas et auteur des *Saisons* ; — *Beatrici* ou Beatricetti, né à Lunéville en 1570, mort à Rome en 1651, graveur de grand renom ; — *Choiseul-Stainville*, né à Lunéville en 1724, mort archevêque d'Alby en 1781 ; — *Jamerai-Duval*, né en 1695 à Arthonnay, mort à Vienne en 1775, ancien ermite de Sainte-Anne. devenu bibliothécaire impérial à Vienne, auteur très connu par ses curieux *Mémoires* ; — Pierre-Eustache de Vaunoise *du Val-Poutrel*, avocat et littérateur fameux, né à Croisille (Orne), mort à Lunéville en 1813, âgé de 65 ans ; — Charles-Antoine *Duvivier*, graveur distingué, né à Liège en 1678, habita Lunéville sous Stanislas, auteur de la médaillé de la Réunion de la Lorraine à la France ; — le Révérendissime *Père Jandel*, général des Dominicains ; — *Dom Philippe Collart*, dit François, né en 1579, mort à Verdun en 1635, prieur de Saint-Airy, auteur de plusieurs ouvrages ascétiques ; — Paul-Gabriel *Antoine*, dit le *Nécrologe*, jésuite, né en 1679, mort en 1753, recteur de l'Université de Pont-à-Mousson, auteur de quinze volumes de théologie ; — *Nicolas Belprey*, brigadier des gardes de Stanislas, architecte et graveur lorrain, mort à Lunéville ; — *Mique* et *Piroux*, architectes renommés ; — *Panpan Devaux*, le spirituel lecteur du roi Stanislas, poëte et causeur charmant ; — *du Ménil de la Tour*, peintre célèbre au temps de Louis XIII ; — l'*abbé Gauthier*, naturaliste et mathématicien, vraie bibliothèque vivante au temps du roi Stanislas ; — Jean-Nicolas *Jadot*, architecte, né en 1710, mort en 1761, a travaillé beaucoup pour François III en Toscane, à Florence, et surtout à Vienne, etc., etc.

*
* *

Enfin voici la liste des officiers généraux qui ont commandé en chef à Lunéville depuis 1824 :

Prince de Hohenlohe-Bartenstein, général de division, 1824-1825 ; — le vicomte Mermet, 1826 ; — le comte Gentil de Saint-Alphonse, 1827 ; — le général vicomte Mermet, 1828-1830 ; —

le général baron Jacquinot, 1832-1833 ; — le général Gusler, 1834-1835 ; — le duc de Nemours, fils du roi Louis-Philippe, 1838-1839 ; — Gusler, 1839-1840 ; le duc de Nemours, 1840-1841 : — Gusler, 1841-1842 ; — le général d'Y de Résigny, 1843-1846 ; — le général Kœnig, 1847-1848 ; — le général Reyau, 1849 à 1854 ; — le comte de Goyon, 1855-1856 ; — le général d'Allonville, 1856-1857 ; — le général Delmas de Grammont, 1857-1858 ; — le général Daumas, 1859-1860 ; — le général de Noüe, 1861-1862 ; — le général de Planhol, 1863-1866 ; — le général Desvaux, 1867-1869 ; — le vicomte de Bonnemains, 1870…

Le baron Ameil, 1873 ; — le général de France, 1874 ; — le général de Gramont, 1875 ; — le général Cornat, 1877 ; — le général Huyn de Vernéville, 1879 ; — le général Lardeur, 1883 ; — le général Loizillon, 1888 ; — le général baron de Coindet, 1890 ; — le général Lenfumé de Lignières, 1895 ; — le général Farny, 1896 à 1901.

*
* *

Nous n'en finirions pas si nous voulions relever dans les *Archives* historiques de notre ville tous ceux des nôtres qui se sont illustrés dans la guerre, la religion, la science, la littérature, les arts, la marine, l'industrie et le commerce.

Il convient de consulter avant tout l'*Inventaire* des Registres de l'Etat-Civil de Lunéville (1562-1792) par le lieutenant Ch. Denis, principalement les notes historiques de ce bel ouvrage.

De tout temps. Lunéville a été le pays des vaillants et des grands cœurs, des travailleurs et des patriotes.

Salve, magna parens Vir…

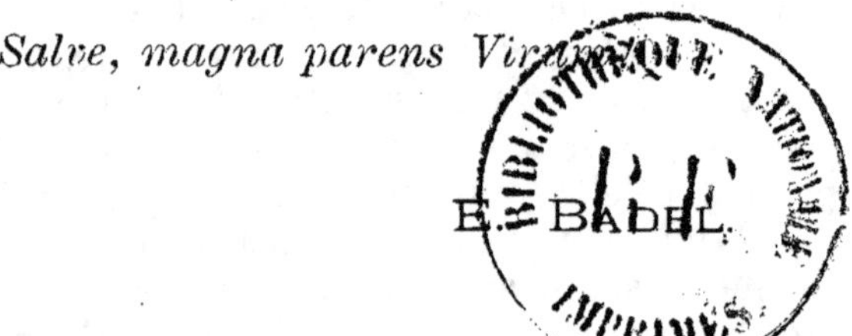

E. BADEL.

Lunéville, 14 Juillet 1901.

Lunéville. Imprimerie Nouvelle, Razel.